humanística

14

Humanística

1. *Introdução à vida intelectual*, J. B. Libanio
2. *Norma linguística*, Marcos Bagno [org.]
3. *A inclusão do outro — Estudos de teoria política*, Jürgen Habermas
4. *Sociologia da comunicação*, Philippe Breton, Serge Proulx
5. *Sociolinguística interacional*, Branca T. Ribeiro, Pedro M. Garcez [orgs.]
6. *Linguística da norma*, Marcos Bagno [org.]
7. *Abismos e ápices*, Giulia P. Di Nicola, Attilio Danese
8. *Verdade e justificação — Ensaios filosóficos*, Jürgen Habermas
9. *Jovens em tempos de pós-modernidade — Considerações socioculturais e pastorais*, J. B. Libanio
10. *Estudos em filosofia da linguagem*, Guido Imaguire, Matthias Schirn
11. *A dimensão espiritual — Religião, filosofia e valor humano*, John Cottingham
12. *Exercícios de mitologia*, Philippe Borgeaud
13. *Paz, justiça e tolerância no mundo contemporâneo*, Luiz Paulo Rouanet
14. *O ser e o espírito*, Claude Bruaire

O SER E O ESPÍRITO

CLAUDE BRUAIRE

Tradução
Nicolás Nyimi Campanário
Marcelo Perine
Álvaro Mendonça Pimentel

humanística

Edições Loyola

Título original:
L'être et l'esprit

6 avenue, Reille 75685 Paris Cedex 14
ISBN 2 13 038027 1

Diagramação: So Wai Tam
Capa: Walter Nabas
Revisão: Renato da Rocha
Revisão técnica e notas: Álvaro Mendonça Pimentel

Edições Loyola
Rua 1822, 341 – Ipiranga
04216-000 São Paulo, SP
T 55 11 3385 8500
F 55 11 2063 4275
editorial@loyola.com.br
vendas@loyola.com.br
www.loyola.com.br

ISBN 978-85-15-03734-6

Sumário

Parte 2

Prefácio

Toda questão filosófica esconde em si uma outra, sempre a mesma, a saber, a questão do ser daquilo que está em questão. Interrogativo, o pensamento enuncia uma problemática, tenta oferecer uma resposta, testa-a procurando fundamentar seus pressupostos. Mas o pensamento sempre age astuciosamente ao adiar o que, a cada vez, escapa à sua elaboração, o ser *daquilo que ele enuncia, e cujo questionamento se interrompe subitamente, estaciona na palavra, como o inefável que o discurso supõe sem jamais poder apreendê-lo.*

O ser não estaria relacionado à presença, uma vez que só se pode dizer o que está presente, em sua essência e segundo as categorias ou registros de atribuições? Quando Aristóteles quis abordar a questão, e somente ela, ele se deteve na palavra, para não se distrair com aquilo que não é, pura e simplesmente, o ser. Nem sequer era preciso distinguir o verbo do substantivo, pois se deslizava imediatamente para a essência, para sua determinação, onde a linguagem se sente em casa. O ser como ser, ponto final! E nós repetimos, de geração em geração, a palavra sem sequência, com sua necessidade invencível e sua esterilidade discursiva. Podemos até mesmo afirmar que se trata de máxima abstração ou de perfeita concreção, signo do nada ou índice do que é realmente real. Sobre o ser, como ser, em ambos os casos, não haveria nada a ser dito. O dizer daquilo que é apagaria em si o dizer do ser daquilo que é, apagaria o que Heidegger, que tampouco diz algo a respeito, chamava de "diferença ontológica".

[6]* *Foi assim que a questão do ser, fastidiosa mas lancinante, foi constantemente recolocada na elaboração de uma* antropologia filosófica sistemática, *proposta segundo suas três instâncias maiores,* lógica da existência, filosofia do corpo *e* filosofia política[1], *nas quais se refletem as três esferas hegelianas: lógica, natureza, espírito. Em cada uma dessas ocasiões, tentava-se escrever a metafísica necessariamente requerida para dar sentido e fundamento. Mas mesmo então a interrogação sobre o Outro, o absoluto, reservava a constante interrogação sobre o ser, sem a qual a metafísica permanece amputada, exposta na privação de sua exigência constitutiva.*

Chegar resolutamente à ontologia continuava a ser a tarefa dissimulada. O caminho, o único que parecia se abrir, era indicado pela conjunção de dois esquecimentos, o do ser e o do espírito. Ao menos ele permitia a interrogação, revogada pela modernidade, quer se trate da ação ou do pensamento: a que foi reduzido o espírito? *Nada além de uma palavra abandonada, quando o ser material das coisas é indubitável? E no fim — mas para isso era necessário passar por todo o percurso — descobriu-se que a questão do ser, como ser, tinha aqui a sua única resposta: o ser que é simplesmente espírito é o ser que é simplesmente ser.*

---

* Os números entre colchetes referem-se à paginação do original francês.

1. Cf. *L'affirmation de Dieu, essai sur la logique de l'existence.* Paris: Seuil, 1964; *Philosophie du corps.* Paris: Seuil, 1968 [A filosofia do corpo. São Paulo: Herder, 1972]; *La raison politique.* Paris: Fayard, 1974.

Parte 1
O ser do espírito humano

1. O espírito em busca de seu ser

1. O desafio

Ninguém hoje em dia faz qualquer referência precisa ao espírito ou afirma sua existência. Ele é confusamente evocado a título de informação, sinal vestigial de uma crença arcaica e frágil. Quem pretendesse designar com essa palavra um dado verificável, uma realidade experimentável, um poder manifesto com o qual deveríamos contar, se mostraria antiquado.

Na linguagem moderna, o espírito, é verdade, conhece duas ilhotas em que é tolerado. Vulgarmente, em primeiro lugar, para designar a pessoa com boa retórica que usa fórmulas agradáveis ou os pretensiosos "espíritos fortes". O vocábulo designa assim o grau zero de seriedade, o desprezo pelo real: apenas a distração insignificante ou o verbo arrogante. Ainda resta a velha disjunção entre a letra e o espírito reiterada pelo exegeta ou pelo intérprete, na medida em que eles resistem aos formalismos e alegam um "sentido" irredutível à análise gramatical. Mas o emprego da palavra é uma questão de palavras, que são inocentes relativamente às coisas.

Salvo essas duas reservas — como são chamados os territórios residuais em que os índios são confinados —, "espírito" permanece como o emblema da recusa do "real" indesejável, de um inquieto pedido de fuga.

Céu enevoado para o encantamento que exala do imaginário, desejo inútil do Totalmente-outro em relação ao mundo desencantado, ele indica a [10]
marginalidade do poeta ou do revoltado. Quando o jugo das opressões e a mecânica sem objetivo de um trabalho sem trégua esmagam a vida na terra miserável, remetem a liberdade aos formulários de propaganda e dos códigos sociais, imolam o desejo humano no altar das necessidades, chega a ocorrer, nos lábios devaneadores ou nos gritos de guerra absurdos, que o espírito signifique a morada dos sonhos ou o apelo desesperado à renovação da espécie do animal-bípede-sem-plumas. Mas a aspiração vazia, energia residual insignificante de uma demanda moribunda, extenua-se contra o muro das opressões ou expira nas facilidades do consumo sem medidas.

No limiar de uma morada vazia, o encantamento espiritual reflui na direção da plena e dura "realidade das coisas". Realidade sempre pronta a dissolver em sua ordem exclusiva nossas inquietações, nossas exigências, nossos desesperos. Um arsenal completo de recuperação, de assimilação, de redução, forjou-se na época em que o espírito se evaporou da atividade global dos homens. Ele espreita, disfarçado, camuflado, toda demanda do espírito.

O que não é identificável será reduzido à identidade do "real". Não apenas o tempo das coisas desgasta o querer e o pensamento que se distrai com elas, não apenas a unidade do conjunto possui moradas isoladas para as patologias do comportamento, mas as aparências do acolhimento do espírito estão prontas a recolher os restos do curso do mundo. Por uma espécie de "astúcia" da matéria, a marcha acelerada do progresso industrial suscitou a confecção de um véu multicolorido de ideologias, que continua sendo a armadilha inexorável para toda busca espiritual. Salvo no suicídio — denunciado como um vício biológico —, o espírito é esgotado na vida, e a liberdade, na necessidade da gestão da espécie. Com desprezo, aderindo ao vocabulário da recusa, o materialismo econômico captura todo impulso "idealista", para fazê-lo conspirar para a extinção do desejo humano, enquanto o naturalismo, desenterrando em seu próprio benefício os antigos sacramentos ecológicos, condena à morte a vontade de superar a vida natural. Não se trata, pois, de relativizar nosso julgamento, nem de descrever diante do tribunal da razão os prós e os contras das conquistas da modernidade. É preciso assimilar as recusas perversas para fazê-las perecer naquilo que elas [11] rejeitam. As ciências operatórias da matéria e seus setores de "ciências humanas" conhecem seus objetos, suas tarefas *e* suas limitações. Elas transformam o outro no mesmo, o diferente no idêntico, o desejo na necessidade, o espírito — ou sua pálida e incerta lembrança — em seu contrário.

A *natureza*, o *espírito*. O *mesmo*, o *outro*. O *idêntico*, o *diferente*... Esses pares em série possuem apenas uma significação adequada, aquela, íntima à experiência assombrosa, viva e única, da distância infinita entre a exigência humana e as necessidades naturais.

No começo de nosso caminho, precisamos nos esforçar por restituir ao pensamento interrogativo a experiência inicial, a manifestação original do espírito. Experiência que não pode ser convertida em uma experimentação científica. Esta só pode fazer abstração da primeira, e se constitui pela metódica colocação entre parênteses de tudo aquilo que não é matéria mensurável e verificável. Manifestação que surpreende nossa atenção acostumada com os objetos, desgastada na prática das manipulações. Mas é dela que provém o assombro que suscita toda questão metafísica, seja ela ingênua ou esclarecida.

O nascimento de um filho de ser humano é somente geração de um indivíduo biológico com o conjunto específico de suas necessidades vitais. Mas eis que se instalam no movimento da vida incipiente, sob a luz do mundo, exigências de uma *outra* ordem, inúteis para a vida continuada, transgredindo gratuitamente as necessidades biológicas. Maravilha da aparição do espírito do seio da natureza que nele se nega e se glorifica. As necessidades eram determinadas nos limites de seu sistema fechado: surge então uma exigência ilimitada, insaciável na alegre curiosidade infinita. No momento em que os gestos se tornam simbólicos, na aurora da linguagem, na qual se exprime e se expõe a singularidade de um ser insubstituível na individualidade do pequeno corpo, a energia vital é captada para servir o seu outro, a busca cujo modo de ser é totalmente outro, que não pode ser limitado à unidade material biológica.

Dessa demanda espiritual inicial surgirão todas as questões humanas, busca de liberdade e de saber, de direitos e de poderes, busca incansável de uma destinação vitoriosa sobre o destino de morte. Toda religião procurará saciar esse outro desejo do Outro, [12] responder à inquieta esperança de uma salvação, conjurar a angústia latente diante da morte cujo duro conhecimento antecipa a aniquilação do ser de espírito inserido na frágil organização da vida. Toda injunção moral, toda sede de comunhão, toda obrigação ética, toda significação da honra humana serão enraizadas, carregadas, justificadas, pelo calmo sopro espiritual que exala do sorriso original, quando a criança se maravilha no despertar da consciência.

Assim, tornada manifesta por seus requerimentos irredutíveis, a ordem do espírito é incomensurável com a vida natural que ela exalta e transgride infinitamente, assim como ela também faz explodir os quadros rígidos da lógica das coisas. Seu ser, sua destinação, seu mistério original constituem a *alteridade* radical da vida *humana*. É porque a questão do espírito é a do ser-outro, totalmente outro, que desafia suas leituras redutoras, indomável por qualquer técnica de captura, de assimilação, de abstração, de distração, de esquecimento, que o que está em jogo na interrogação é a verdade e não apenas uma interpretação aleatória, uma "leitura", um divertimento no deciframento dos símbolos. Numa época em que estamos presos na armadilha de nosso poder sobre o mundo material, em que se corre o risco de esquecer o espírito, em que tudo pode ser medido, contado, em meio ao temor de uma penúria generalizada dos meios de vida, em que todo saber se constitui longe das questões inéditas na ordem natural de nossa espécie, torna-se urgente apreciar o preço infinito pago inexoravelmente pelo esquecimento mortal do ser do espírito.

Se o espírito não possui ser, qual é a consequência? Todos os níveis, as dimensões de nossa existência, são afetados pela falta de sentido por causa do nada, por constatação de ausência.

Toda esperança se reduz à expectativa e a expectativa à espera de um ganho de meios materiais, sem outra finalidade senão uma vida mais insensível e mais "performática".

Assim, esfuma-se a instância ética. A obrigação se reduz ao seu contrário, à opressão sistemática efetuada pelos códigos necessários à vida continuada do conjunto. O exercício da razão moral, norma formal da vontade, exigência insubstituível de universalidade que embarga os interesses do indivíduo, inverte-se em cálculo, torna-se servo da utilidade sem finalidade. Nada fundamenta ou destina a ação para o ser [13] insubstituível de outrem, e a solidariedade coletiva priva de sentido a generosidade ao se mostrar como a segurança imperativa do grupo.

Mas a supressão da obrigação ética oblitera a política, torna vestigial sua função própria, que é a de guardar e de promover o direito das pessoas, o exercício de sua liberdade nas relações sociais. Se cada pessoa não é mais considerada no preço infinito de seu ser de espírito, se ela é medida por seu desempenho, por suas capacidades, por seu papel de agente produtivo, por seu consumo, a desigualdade de forças se impõe como única realidade comparada à identidade do direito presumida pela função política. Esta cede lugar à gestão econômica, quando "o governo dos homens dá lugar à administração das coisas". Então a implacável justiça distributiva estende seu reino soberano.

As religiões são objetos desregulados de análise dos comportamentos patológicos. Curiosidades arcaicas, elas se extenuaram procurando a demanda rarefeita de uma salvação; a busca apaixonada do absoluto dá lugar à técnica da evasão, à substituição imaginária das condutas de fé por emoções coletivas ou solitárias, operadas nos corpos. Quando todos colocam suas apostas na terra, na vida efêmera, a violência gratuita tenta quebrar o ferro das leis da selva, antes de refluir na direção da usura suicida.

A partir daí, a liberdade da vontade morre diante dos ruídos do mundo. Dela resta apenas um vocábulo provisório, de uma outra época, ou o símbolo inútil do irracional. A linguagem humana, assim que deixa de ser capaz de verdade, deixa de ser habitada pelo sentido, de ser regrada pela lógica discursiva, de ser reminiscência do conceito e de sua necessidade. O debate dá lugar à conversação insignificante e, em breve, os signos desaparecem em proveito — como nos animais — de um conjunto de sinais batizado, contra a significação original, de "informação".

Ainda resta descrever a morte da arte. Durante muito tempo a arte uniu uma gratuidade pura ao útil que ela transfigurava em obra espiritual, contendo sua própria finalidade indeterminada. Não relacionada às necessidades, ela atestava, para e na sensibilidade exaltada, uma intimidade não identificável do absoluto. Sua inspiração — predicado do espírito — reduzia ao silêncio a subjetividade do artista e transcendia os saberes práticos. [14] Honra e ornamento do gosto pelo corpo, ela permanecia — como acolhimento do sublime incomensurável — fora do alcance de nossas análises e de nossas medidas, escapando ao curso do mundo, tanto à dominação como à servidão. Seu âmbito se reduziu ridiculamente (a 1% dizem nossos organizadores). A título de informação, ela é esmagada pela funcionalidade. A harmonia dá lugar ao arranjo de estruturas confiáveis, a beleza se perde diante da ordem das coisas.

Vejamos os resultados da falta de ser do espírito. Quando sua aspiração se esgota na busca de uma vida segura, em um acúmulo febril de meios para satisfazer necessidades artificiais multiplicadas, então só haverá espontaneidade na decomposição do cadáver, só haverá inventividade na descoberta dos fenômenos, das aparências por trás das aparências. A habilidade substitui a inteligência, o hábito substitui a reflexão íntima, o reflexo ocupa o lugar do juízo pessoal. Por fim, a história dos homens, tecida com as relações de liberdade, dá lugar à evolução natural, e a destinação espiritual, ao comum destino da morte biológica. Não há mais educador e sim domesticadores anônimos, não há mais mestre e sim adaptadores, não há mais médicos e sim veterinários de nossa espécie, não há mais políticos e sim gestores, não há mais sacerdotes e sim reivindicadores de distribuição ou organizadores do "tempo livre".

Eis o desafio, imenso, para o pensamento filosófico em seu deserto, para a existência dos homens em falta de seu ser. Nem o desprezo absurdo da modernidade, nem o conforto inútil das desconfianças informes, mas a lucidez preservada no exercício continuado, a despeito de tudo, da razão filosófica.

2. Aporias ontológicas

Assim que é enunciada, a problemática do espírito enfrenta um dédalo de dificuldades que parecem insuperáveis, bem à medida do desafio.

É o ser do espírito que constitui o todo da interrogação. Mas não podemos nem conceber nem representar o que *é* sem *essência* [15] enunciável, sem natureza *determinada*. Ora, assim que é evocado, "espírito" escapa a toda caracterização *positiva*. E o positivo do ser, sua possibilidade de afirmação, implica, ao que parece, uma dupla necessidade. Em primeiro lugar a qualidade, ou conjunto de propriedades enunciável em um juízo atributivo. Mas também que esse enunciado positivo seja a conclusão de uma constatação descritiva, na falta da qual o ser possuiria apenas a realidade de um enunciado lógico, de uma possibilidade ideal, de uma representação ilusória.

Não há dúvida de que o ser pode ser afirmado sem sua presença *real*. Ao menos isso é um direito inscrito em um juízo de *necessidade*. Aqui a ciência indutiva possui o direito do certo como a metafísica, respeitadas as diferenças de estatuto. A dedução da realidade de um planeta ou de um elemento da matéria não espera pela constatação experimental, pelo menos não mais que as provas de Deus. Mas em ambos os casos a experiência efetiva, a presença manifesta são declaradas *possíveis*. Supõe-se que o ser não verificado é verificável. O ser implica seu fenômeno acessível.

Desse modo, a afirmação ontológica é duplamente excluída pela dupla negatividade do espírito: a *ausência* e a *indeterminação*. Todos os atributos que nos permitem evocá-lo mostram ser negações e exclusões. O espírito, dizemos nós, é o *in*verificável, o *in*sensível, o imaterial *in*visível e *im*palpável, o ser sem fenômeno, sequer fantasmático ou espectral, como uma sombra hipotética. Nem percebido, nem perceptível, nem experimentado, nem experimentável. Nem necessário, nem real, nem possível. O possível, último refúgio para um saber do espírito, é excluído, com efeito, quando a não contradição não se verifica em atributos positivos.

É o nada que é nomeado pela série infinita de negações: sobre o espírito há apenas discurso negativo, ontologia negativa indiscernível da negação de toda ontologia, esgotamento de um discurso cujas palavras se apagam sem piedade, na impossibilidade de fazer vir até elas, mesmo com violência, alguma realidade firme.

Mas a busca não é apenas vã, girando em falso no círculo das negações que a reconduzem à privação inicial. Ela é impraticável, insensata e impensável se se admite, pelo [16] postulado histórico de todos os nossos saberes objetivos, que todo ser possui como medida a realidade da coisa presente, na plenitude material dos fenômenos, na imediatez do dado. Com efeito, é a redução do ser ao fenômeno que decide, em nossa modernidade, sobre a validade dos saberes, sobre a limitação do real. Objetivos ou, para a análise provisória, subjetivos, o conjunto dos fenômenos observáveis ou "vividos" preenche assim a totalidade do Universo. Os filósofos repetem os adágios kantianos esquecendo-se, sob a opressão das ciências da matéria, da hipótese brumosa de um ser-em-si numenal. A tal ponto que a análise filosófica, quando a fenomenologia de Husserl se reduziu — destino infalível — a uma inútil descrição da percepção, pôde encontrar seu balanço na proposição inicial de *O ser e o nada* de Sartre: "O pensamento moderno realizou um progresso considerável ao reduzir o existente à série das aparições que o manifestam".

O pleno inalterável, a coisa que não se desgasta, o fenômeno sem segredo, desdobrado no espaço, eis o ser-em-si puro do fenômeno. Inútil, para falar rigorosamente, manter a distinção "totalmente metafísica" entre o ser e o ente, entre o ser e o fenômeno, entre a realidade e sua manifestação. O que aparece é somente aparência, por mais que o sonho de um ser irredutível à sua manifestação persista em nossa mentalidade primitiva. Não era esta mentalidade que nos fazia temer as implicações da extinção do espírito?

Entretanto, as dificuldades insuperáveis poderiam ser suspensas, até mesmo evitadas, ao limitar a busca a certos domínios que ainda se concorda em atribuir ao "espírito". Como a liberdade, a linguagem, o desejo. Não podemos descobrir nisso tipos de realidades, certamente fenomênicas, mas irredutíveis à materialidade e libertadas das leis que governam os movimentos de seus elementos? Levando em consideração o sentido vago e velho, amplo e flexível do termo, poderíamos então ter acesso a algo como o "espírito".

Mas, por sua vez, essa escapatória se mostra impossível. A liberdade? Sem dúvida, mas ou se trata de um grito proveniente do fundo das eras, reiterado patologicamente em toda revolta ou nostalgia, ou são atos constatáveis, movimentos pouco previsíveis de nosso [17] comportamento. Neste último caso, o saber da liberdade é apenas uma ciência fenomênica balbuciante. Nada, em todo caso, que exija um ser de espírito. A menos que a ele seja reservado a insignificante significação do "espontâneo", da autodeterminação, da pura iniciativa do ato. Mas isso, novamente, é evocar o negativo inapreensível, inverificável, indiscernível da ausência pura e simples.

A linguagem? Mas, salvo no caso do mito de um pensamento inexprimível, ela não é esgotável em seus fenômenos, signos, outros signos, suas regras sintáticas e seus axiomas lógicos enunciáveis? Far-se-á confusão entre o espírito invisível e o implícito do mesmo modo que se faz entre o incognoscível e o inexplorado? Não há nada aqui de real que não seja manifesto a seu tempo, de fato ou de direito; é a contingência das línguas que faz crer em seu mistério espiritual.

O desejo? Mas não é ele o sinal negativo do vazio da aspiração? E esse vazio escancarado, esse oco, que parece atestar a presença da ausência, é somente a expectativa constituída por móbeis determináveis, que uma análise psicobiológica pode separar, explicar comparativamente na etiologia orgânica. Expectativa, tendência, necessidades, atrações, tanto nas situações claras e normais como nas substituições simbólicas ou perversas, todo movimento dos indivíduos se lê e se compreende, em nós como em qualquer outra espécie. Nada, aqui tampouco, exigiria que se fizesse referência a alguma espiritualidade fechada a nossos saberes positivos.

Entretanto, ao querer circunscrever um domínio desconhecido, sem fronteiras, chegamos ao exame dos membros separados sem observar o corpo, à análise das "faculdades" sem conhecer sua sede comum, aos acidentes sem levar em consideração seu fundo substancial. Ora, se retornarmos às nossas certezas simples e primeiras, não é à atenção aos nossos poderes que somos primeiramente inclinados ao nos afirmarmos como espíritos. É sem dúvida na consciência de si, na indiscutível experiência íntima de ser si mesmo, irredutível ao nosso corpo, não derivada de nosso "pacote de carne e osso". E percebemos a existência de outrem como uma presença de uma pessoa que não pode ser analisada em termos naturais. A "alma", dizia-se, o "eu" ou o "si", repetem os filósofos que leram Descartes e seus [18] epígonos. Não é aqui, no invencível segredo do saber reflexivo de si, na caverna subjetiva da consciência autotransparente, o lugar ocupado pelo espírito, o ser cuja maneira de ser escapa tanto à lógica geral como à matéria da natureza? O vocabulário certamente evoluiu e a velha palavra "espírito", excessivamente incerta e polissêmica, deu lugar aos termos "sujeito", "consciência", "eu". Mas a despeito dessas palavras não se pode, de direito, encontrar a instância espiritual nesses vocábulos modernos?

As filosofias do sujeito, da consciência se expuseram como réplica a todo naturalismo ou materialismo. Mas elas tanto reconheceram as conquistas do adversário que acabaram conspirando com ele. Elas lhe concederam o ser e a essência, a substância e a identidade, a realidade e seu sentido. A consciência, reflexo sem consistência, olhar inútil sobre o mundo, artefato epifenomênico, dissolve em seu éter toda categoria de sua própria afirmação. O privilégio da reflexividade, recolhido na consciência de si, se consome na busca indefinida de um sujeito que cede imediatamente sua subjetividade inverificável à função gramatical. Sujeito inconceitualizável, mudo em sua indeclinável singularidade, o "eu" se mostra espectral antes de ser tornado suspeito, pelo naturalismo de uma "psicologia das profundezas", logo entregue ao mecanismo de um inconsciente manipulável. A consciência de si é mera atenção narcisística, quando a consciência trai o corpo próprio em sua impotência para traduzir a sensibilidade que ela dissimula com um pudico véu imaginário. Conhecer-se, reconhecer o espírito que sou, fora da linguagem, com o repúdio de toda concepção, como confissão de arruinamento ontológico, parece ser o irônico destino filosófico da renúncia forçada a todo saber do espírito.

Clamar pela validade do imediato, recusar à linguagem discursiva o direito de acesso ao "sujeito", entregar as armas conceituais, invocando alguma autointuição sem memória, nem experiência, nem categoria não é pretender em vez de pensar, admitir o nada do espírito em vez de afirmar seu ser? Antes de se admitir que "o espírito é uma coisa", palavra que designa seu contrário, houve quem se demorou na interioridade fechada de um idealismo subjetivo sem ideia. Aparentemente, Hegel foi o último a expor uma lógica do espírito, a fornecer um tratado [19] de psicologia do espírito subjetivo. Com ele ainda são abordadas as questões metafísicas que atestam a interrogação sobre o ser: questão do fundamento, da origem e do destino, questão infatigável sobre o Absoluto e sua verdade. Quando retemos apenas duas esferas do real, a natureza fenomênica e os enunciados formais que a transcrevem, então as palavras são coisas e o esquecimento do espírito suprime a instância do ser, em uma época em que a existência humana torna-se indiscernível da vida inquieta de uma espécie biológica banal.

Assim acumulam-se dificuldades desde a enunciação da interrogação: o espírito possui um ser do qual o pensamento possa, em verdade, aproximar-se? Elas tramam uma rede de interdições cruzadas. Onde pode ser encontrado um fio condutor? Três interrogações preliminares reúnem, em um primeiro balanço, os esforços para franquear o caminho:

1 / Dispomos de uma *memória* do espírito que poderia ser reanimada, com o fim de nos colocar na *presença* de suas manifestações indubitáveis, irredutíveis e que podem ser expostas como deciframentos necessários de uma ordem ontológica inassimilável à da natureza, intraduzível em uma ciência da matéria?

2 / Como conceitualizar aquilo que se enuncia negativamente, inapreensível em razão de sua indeterminação, privado de positividade ostensível e circunscritível? O conjunto categorial da ontologia aristotélica não parece ser convertível em um sistema de categorias do espírito. Aristóteles sem dúvida enunciava categorias neutras, capazes, em princípio, de falar tanto sobre a alma como sobre a natureza. Substância, qualidade, relação... Identidade, essência, existência... Forma, ato, matéria, potência... Mas o aparelho de leitura, excessivamente cúmplice, ao que parece, de uma cosmologia caduca, enferrujou-se e perdeu a validade quando se constituiu o conhecimento operatório da matéria. Pode-se reconstituir uma ontologia capaz de dizer "o espírito"?

3 / Supondo-se o ser do espírito, o pensamento pode atingi-lo, se ele não se esgota em suas palavras, se a linguagem não pode fazer passar em sua dimensão circunscrita aquilo que, talvez, a anima e a constitui em idealidade inteligível, mas que não pode ser dito — como a força que move e governa o instrumento não pode ser obra deste? O discurso pode se debruçar sobre suas próprias condições? Ele deve tornar-se reflexo [20] e indireto? Mas a problemática de um método — de uma via de acesso — já antecipa seu lugar de aplicação, cuja existência não é nem certa nem prometida.

3. O fio condutor

Quando o pensamento visa objetos determinados, para tarefas que ele prescreve a si mesmo, ele esboça um plano de abordagem, forja instrumentos apropriados, constrói um "método". O instrumento, que pode ser corrigido para a obtenção de uma maior eficiência, deve preencher sua função precisa e, portanto, excluir, abstrair, tudo aquilo que não é visado como objetivo de pesquisa. Desse modo, as ciências procedem por abstração, segundo sua exigência de instruir um saber operatório da matéria. A filosofia, pelo contrário, não pode se permitir a abstração e não pode, pois, constituir suas regras metodológicas. Em termos kantianos, ela procede "por conceitos, não pela construção de conceitos".

Na busca de uma verdade eventual do espírito, convém recordar a exigência que abre a única via para o filósofo — o μέθοδος platônico. Nenhum artifício de construção metodológica é aqui um preâmbulo possível. O conceito *necessário* é o único dado inteligível. Necessidade que deve vencer as opiniões e preconceitos, impondo-se à análise discursiva, silenciando a subjetividade e a historicidade da concepção que tenta satisfazer a perspectiva indelével de seu ator. Essa necessidade do conceito e a purificação que ela implica reprovam a assimilação absurda entre a invenção, na filosofia, e a formulação inédita cara aos improvisadores de vocabulários ornados do título de "criadores". A invenção é *descoberta* do sentido, o conhecimento, *re-conhecimento*, a concepção, *reminiscência*.

Mas, justamente, a reminiscência conceitual exclui, no princípio de seu ato, a descoberta do "sentido" que seria inocente e distante do ser. É por isso que ela abandona os jogos exegéticos e hermenêuticos que se deleitariam com a confecção de significações, na ostensão de múltiplos "verdadeiros sentidos", pressupondo a impossibilidade de um "sentido verdadeiro". É isso que nos diz Platão [21] na prestigiosa alegoria do *Fedro*. A ideia somente conduz minha leitura dos fenômenos do mundo, descobrindo para a concepção o uno no múltiplo, o inteligível no sensível, ao ser reconhecimento do *ser, já visto*, contemplado, em sua essência imutável. O próprio conceito só é ao nos reconduzir ao ser, em sua indefectível identidade, cuja luz inteligível ele reserva e preserva, em sua inteligibilidade própria.

Ontológica, a linguagem conceitual diz a si mesma e ao seu outro, o ser, ao qual ela permanece aparentada, consubstancial, preconformada, mesmo quando o que ela expressa escapa, se dissimula, se busca na realidade fenomênica. Em sua dura solidão, ela é guardiã do ser e demanda de sua presença. Se há uma pressuposição obrigatória do pensamento filosófico, ela é a necessária destinação do conceito ao ser por intimidade originária entre ambos[1]. É por isso que a experiência é inteligível apenas quando se reanima o sentido unívoco de que ela é ocasião de reminiscência e que lhe deve o essencial de suas significações. Segundo o exemplo do *Fédon*, não descobrimos a igualdade nas coisas sensíveis: as coisas iguais são desiguais, somente a "igualdade em si" — contida em seu conceito — é a igualdade.

A análise conceitual de "espírito" é pois o único começo de uma pesquisa sobre seu ser verdadeiro. Somente ela pode nos conduzir a identificar suas eventuais manifestações. Mas nós dispomos, com esse vocábulo, de um conceito que imporia sua necessidade? O espírito possui um sentido próprio, irredutível, indefectível? Essa interrogação impõe uma análise semântica para preencher a *primeira condição* de uma resposta positiva. O espírito, em seu conceito, não deveria apenas escapar da ordem das imagens ou representações que denunciam um outro domínio de realidade ou de privação. Ele deveria também resistir à divisão de uma polissemia suspeita de equivocidade.

[22] Entretanto, há uma *segunda condição*, inscrita na instância ontológica do conceito: que *o espírito obrigue ao ser*, conduza à sua verdade, à sua indubitável alteridade.

A primeira tarefa, desse modo, é soletrar as notas que aderiram à palavra na tradição de seu emprego. E, logo de saída, nos encontramos diante de duas significações, ligadas confusamente na linguagem. A do νοῦς (*mens*), signo do inteligível e de sua inteligência. Inteligência noética, ordenada à intuição intelectual que a linguagem conceitual oferece de si mesma e do que ela diz. A do πνεῦμα (*spiritus*), que contém a animação da vida no vivente. Dupla semântica que, no entanto, revelará a unidade conceitual procurada na análise.

Observemos em primeiro lugar que o princípio de animação, "sopro" do espírito, ritmo da respiração, designa a forma de uma energia em ação

1. Essa presença íntima originária, do ser no conceito, do inteligível na inteligência que o reflete e o exprime, tem sua mediação especulativa na prova ontológica. Qualquer que seja a formulação dessa prova, nela se transcreve a necessidade, para o conceito — tomado absolutamente —, sem importação sensível que limite seu sentido, de dizer o ser, de ser sua expressão sem reservas, seu "dito" sem desdito. Reminiscência onto-lógica e prova ontológica, desse modo, confirmam-se mutuamente.

da qual a experiência sensível e a sua tradução biológica só conhecem os efeitos, a presença de uma poderosa eficácia da qual nós observamos apenas os fenômenos mensuráveis. Potência do ser em potência, *natura naturans*, princípio e movente invisível do visível, insensível do sensível, essa é a significação primitiva do conceito. Ela é apenas simbólica, evocação imagética de seu outro, inimaginável? Cremos nisso precipitadamente se tomamos por essencial, adequada, a primeira significação observada, a do νοῦς, da ideia inteligível, do sentido imaterial. Imagem natural do outro da natureza, o símbolo arcaico não teria nenhuma participação naquilo que ele simboliza. Mas então ele seria aleatório e deveria ser abandonado como uma representação pesada e incômoda. É verdade que pela imagem podíamos dar forma ao que é informe, dar sentido ao indistinto e ao obscuro. Na verdade, praticávamos uma confusão de gêneros, vinculada à tradução esquemática de um postulado vitalista. Tomar a vida natural como emblema do espírito, de seu totalmente-outro, supunha que se desse um sentido à energia incircunscritível por meio de uma figura, a da animação ritmada.

Entretanto, privilegiando desse modo o imaterial insensível, não admitimos um dualismo que rompe os contrários e esmigalha as diferenças? Devemos — prevenidos contra a abstração das [23] ciências positivas — prestar grande atenção nessa instância da filosofia aristotélica da natureza à qual tivemos de aludir: *o ser em potência*. Essa é, em nossa opinião, a genial descoberta do Estagirita, a razão pela qual ele é mais que um discípulo original de Platão. O ser em potência é *o espírito na natureza*, aquilo por meio do que e porque a natureza não é a matéria fenomênica que o configura e o manifesta. Aquilo que faz com que o espírito permaneça quando a vida cochila, com que a vida seja mais que o vivente, o que é o segredo, a recepção e a promessa de um ser pessoal desde a sua concepção, o que faz com que possamos nos levantar quando estamos sentados, que oferece seus contrários às nossas escolhas, que dá à inteligência a apetição com a idealidade, ao desejo sua obscura animação para fazer esperar, na vida, mais que a vida; o que se constitui em ato e em forma, mas se oculta ao se oferecer, o que é inesgotável no dado, ilegível na leitura, oferecido às metamorfoses, disponível para a aparição do sentido, para a atividade livre, levando adiante, exigindo mais, isso é chamado de "espírito", verdade da natureza que, para nós, é o pressuposto da própria natureza, segundo a palavra de Hegel.

O símbolo talvez seja mais que um símbolo. Não se trata de aderir a Aristóteles sem pôr à prova a verdade dessa tese. Mas tampouco de identificar o inteligível com o imóvel, o insensível com a morte. Ora, dispomos de uma prova crucial, capaz de fazer convergir os dois focos de significações. Precisamente a do *ato de inteligência.*

Não há referência possível a um pensamento mudo, em contemplação imóvel da ideia pura. A menos que se acuse o privilégio simbólico de uma visão estatuária, petrificada, a menos que se confunda a intuição do sentido com uma apreensão imediata e aconceitual da ideia fora da linguagem, nós só pensamos nas palavras, no âmago do verbo. Mas a linguagem que é local de manifestação, de *expressão* — íntima ou na comunicação — não é poder de inteligibilidade sem ser poder de *reflexão.* Reflexão em dois níveis articulados: da natureza em ideia, do ser sensível em conceito inteligível, quando o corpo das palavras se apaga em favor do sentido no qual ele se converte, conversão que constitui a maravilha da compreensão [24] que transfigura a percepção; mas também, conjuntamente, reflexão em que o pensamento se recolhe, se desprende de seus hábitos para retomar a si mesmo, pôr-se à prova, interrogar-se, reconstituir-se no cadinho da interioridade. E eis que somos obrigados a usar o vocabulário da animação, da respiração da vida, a fazer a primeira análise da atividade do pensamento: assim como a expiração seria o último sopro que se exala para a morte sem o contragolpe da inspiração que capta, para sua nova efusão, a energia da vida, assim também a expressão, pronta para a comunicação, seria apenas difusão de palavras impensadas sem o recolhimento reflexivo que, ao mesmo tempo, é prova pessoal de nossos pensamentos e constituição da ideia em ideia de si mesma, do saber em saber de si mesmo.

Mas imediatamente se esclarece o estatuto da *diferença* entre a vida e o pensamento, entre a natureza e o espírito, revogando tanto a simples homologia formal como o símbolo aleatório. Com efeito, no par articulado da reflexão, a incrível transfiguração do ser sensível, do corpo dos signos em sentido inteligível, reflexão do ser em conceito, constitutiva tanto da atenção intelectual como da ideia manifesta, só é condição transcendental e real da reflexão pessoal ao efetuar a *negação* do sensível no sensível, ao descarregar e desrealizar o natural na natureza. A ideia inteligível, vitoriosa sobre a opaca e impenetrável materialidade, ao menor acontecimento de linguagem, converte para si mesma, para sua transparente idealidade, os sons, os gestos, os caracteres escritos, por meio da *negatividade reflexiva* do espírito. Desse modo, a natureza, no ritmo respiratório da vida, só é a *mesma* que o espírito, no ritmo de sua expressão e de sua reflexão, ao se mostrar como seu *outro,* no momento em que o espírito a assume e a destitui, nela se manifesta negando-a efetivamente[2].

Essa contracorrente ritmada de dois movimentos inseparáveis, que, a partir da animação natural, dá acesso à vida espiritual, descobre-se identicamente na outra "potência do espírito" — voltaremos a essa expressão — que é a *liberdade*. Em sua significação original de independência, a liberdade é desprendimento, autonomia, [25] irrelação do incondicionado, interioridade autárquica. Mas a liberdade se esgotaria no vazio íntimo, se reduziria ao irreal enfermo da interioridade "abstrata", se ela não pudesse positivamente se exercer efetivamente em ato e ação, manifestos em comportamentos decididos, determinados. Inversamente, a ação humana seria apenas movimento heterônomo, violência ou automatismo se a vontade não fosse refletida, deliberada, formada na experiência solitária, a distância das múltiplas coações. Equilíbrio instável que, ao mesmo tempo, permite e ameaça a liberdade, que a razão prática preserva ou que é rompido pela sujeição a paixões extremas. Aqui também, na vida continuada do espírito livre, a forma do ritmo animador, de contração sobre si mesmo e de expansão, é reveladora do "sopro" espiritual.

Mas, em terceiro lugar, a energia espiritual que dá ao querer seu dinamismo, sua abertura ilimitada, transgredindo e subordinando as necessidades da vida natural para constituir o *desejo humano*, seria apenas uma aspiração vazia e cega, exigência inquieta do espírito em penúria de si mesmo, caso ela não contivesse, na própria protensão de seu movimento, a potência de expansão de si. O que isso significa?

Recordemos as "exigências do espírito" evocadas acima. Desejo de se evadir do sistema de coações induzidas por nossas técnicas, exigência de

2. Cf. *Philosophie du corps*, p. 25 s.

romper com o economicismo, quando a corrida da produção e do consumo não possui outro futuro senão a morte, vontade de inovar, busca da comunhão das almas, todas essas exigências não têm oferta, não têm capacidade positiva de oferenda, não têm substância real da qual possam extrair algo para regenerar a existência. É por isso que elas cedem à violência física na busca frenética do espírito ausente, para quebrar a dureza das coisas, a menos que elas se esgotem no imaginário, enquanto não forem aliciadas ou sustentadas pelas ideologias do momento. Isso significa que *o desejo vazio*, obscuro dinamismo espiritual, expira na fuga para adiante, vento e perseguição do vento, cega vontade niilista que rapidamente perde seu fôlego, em um momento no qual a inspiração reflexiva é apenas o emblema do fechamento diante do mundo e do esgotamento interior. A menos..., a menos que todos os sinais invocados do espírito, [26] invenção, criação, comunhão designem a inesgotável fonte em que a liberdade bebe. A menos, por conseguinte, que o desejo ávido do outro, penúria de ser, se mostre como expansão em profusão do dom de si: *efusão do espírito* que, do âmago de si mesmo, alterna sua exigência de superabundância para traduzir em obras, nos limites da palavra e da ação, no papel mais humilde, a generosidade de seu ser.

Inspiração, expiração; contração, expansão; concentração, difusão; sístole, diástole[3]. Mas, pela eficácia espiritual da reflexividade ideal, pensamento que se forma em si para expressar-se, independência da qual surge a vontade. E sobretudo, talvez, poder próprio do espírito, efusão da alma que somente pode se abrir em exigência infinita, na medida em que ela é capaz de fazer oferenda de si por meio da atividade humana. Assim, seguindo as significações que aderiram ao espírito, recolhemos o seu *conceito indissociável*, irredutível pela relação inseparável do νοῦς com o πνεῦμα, da luz inteligível com a animação espiritual. Conceito inderivável cuja *necessidade* pode ser experimentada nessa conjugação única e inevitável de dois sentidos alternados em um mesmo ritmo, que representa a negatividade e a positividade, a reflexão e a relação, o recolhimento e o ato efetivo do espírito.

---

3. É conhecida a importância constante desta unidade em contracorrente na filosofia de Schelling.

Se, a partir de sua semântica compósita, o espírito se deixa *conceber* assim na *unidade* de seu sentido, a primeira condição buscada é obtida: a análise filosófica dispõe de um fio condutor na necessidade do conceito. Ainda resta a segunda condição, sem a qual, revogado em sua abstrata representação, o conceito de espírito não seria retorno ao seu ser, busca de sua reminiscência ontológica. "O espírito" obriga à descoberta de seu ser, convida à busca de suas manifestações, a reconhecer sua presença?

A primeira, a mais simples instância ontológica é a da identidade indissolúvel, da resistência ao apagamento na exterioridade fenomênica indiscernível de uma pura aparência inconsistente e sem verdade. Mas a pura exterioridade da aparência que se executa [27] no nada é significada adequadamente pela infinita divisão em relação a si mesma, segundo a lei de ferro da alteridade exclusiva: o outro, sempre outro, que jamais é o mesmo que o si, figurado pelo esgotamento da substância material volatilizada em pó de pó, não *é nada*[4]. Exterioridade pura, alteridade exclusiva são, na verdade, simples designações negativas da ausência. É por isso que a diversidade fenomênica implica seu contrário, unitivo e interior. Caso contrário, fenômeno sem ser, fenômeno de nada, a aparência seria um aparecer de nada: a infinita vacuidade[5]. O *uno faz o ser*, é norma de sua identidade, constitui sua subsistência, guarda a quididade, determina a forma e a existência: *o ser não possui ser sem sua reflexão unitiva*, sem seu princípio de conversão e de interioridade. Princípio suposto na natureza, qualquer que seja o vocabulário: unidade orgânica, estrutura íntima unificada, finalidade interna, "ideia diretora" do vivente. Mas princípio experimentado na vida do espírito, como sua reflexão e conversão constituinte, ato de sua substância, ἐνέργεια οὐσιώδης.

"Espírito" é assim conduzido ao conceito necessário quando se mostra indissociável, implicada na expressividade positiva, essa indelével significação da reflexividade. O interior no âmago do exterior, o recolhimento no

4. Esse é o argumento da tese hegeliana sobre o espaço e o tempo do ser-Natureza. Pura alteridade, o ser é espacial e temporalmente des-realizado, privado de essência, de reflexividade interna e unificadora. Cf. *Enzyclopädie*, §§ 250-258.

5. O que fazia Leibniz escrever que "necessariamente é preciso reconhecer algo que tenha relação com as almas e que comumente se chama de forma substancial" na natureza dos corpos. *Discours de Métaphysique*, cap. XII.

âmago da manifestação, a conversão no âmago da processão expansiva, a inspiração na e como contracorrente vivificadora da expiração, o uno que se opõe ao múltiplo. O *conceito* de espírito é, por si, conceito *necessário* ontológico, sentido em busca de seu *ser*. Resta descobrir a presença exigida.

2. O espírito em sua manifestação

1. Do conceito à presença

O fio condutor não se rompeu. Ele estava distendido, desdobrando-se na direção de dois focos de significações aparentemente estranhos um ao outro. A inteligibilidade transparente do νοῦς, atribuído à identidade imaterial da ideia, inseparável do saber de si mesma, parecia inacessível ao ritmo pneumatológico figurado na respiração da vida, ligado ao seu devir, preso à sensibilidade natural. Impunha-se então a disjunção platônica entre a ordem eidética inalterável em sua verdade imutável e o jogo do devir, o inconsistente movimento do contrário rumo ao contrário, do nascimento rumo à morte, do fluxo rumo ao refluxo, da inspiração rumo à expiração. Mas a unidade conceitual do espírito se experimentava em sua necessária afirmação, precisamente ao apreender novamente, no próprio ato de nosso pensamento, a contracorrente da animação da vida.

Simultaneamente, a relação antropológica da natureza com o espírito mostrava-se na assunção do sensível em sentido inteligível, segundo um poder de reflexão soberano na linguagem, em todos seus modos expressivos, desrealizando o corpo das palavras para sublimá-lo, convertendo o ser natural em conceito inteligível. Contra todo dualismo, mas fixando o estatuto da *alteridade* da ordem natural, negado e posto a serviço do pensamento, contra o antitético de um ser [30] numenal inacessível e da presença fenomênica sensível, o ser espiritual oferecia-se em seu fenômeno. Nem intuição intelectual da inteligência liberta do corpo, nem experiência sensível muda e cega. Nem o ser-em-si invocado e rejeitado, nem fluxo de aparências imediatas regidas pelas leis contingentes da matéria, mas o ser em sua manifestação, o espírito em seu fenômeno.

Entretanto, estamos nos dirigindo com excessiva rapidez rumo a uma fenomenologia do espírito ao nos fixarmos nos atos do pensamento. Tão logo cremos ter desvelado e balizado o espírito, ele evapora ou escapa em seu segredo. Pois, se o espírito é *o outro da natureza* no momento em que ele a nega nele, a assume ou a identifica ao sentido inteligível, é precisamente porque ele é *o outro do lógos*, no momento em que ele age na manifestação da ideia presente na inteligência. O espírito não é o pensamento, do qual ele é princípio e potência tanto de idealidade como de animação. Reflexão do ser natural em conceito inteligível, ato de conversão das palavras em sentido, do corpo em inteligência, ele não é nem a determinação do conceito nem sua necessidade lógica. Poder de expressão, ato de manifestação, energia espiritual do pensamento, ele *não é o que ele faz*, não é o que ele opera, nem a linguagem comunicada nem a exposição da ideia, nem o fruto de sua animação. O ato presumido do espírito está *em abnegação de si mesmo*. No lugar ontológico do pensamento, ele é sua potência reflexiva, idealizadora e expressiva, mas *não é* o que ele faz aparecer. O pensamento, sem dúvida, não é por si mesmo. Para ser e aparecer em nossa existência, faltam-lhe o ato e a atualidade espirituais. Caso contrário, nós o observávamos facilmente, o pensamento se formaliza e se materializa, se executa em operações insignificantes, em palavras que são coisas. Mas, inversamente, *aquilo por meio do que* é e aparece a ideia inteligível, no pensamento que se forma e se encarna, se põe em uma discreta reserva de si, quando eclode o sentido manifesto.

A reflexividade do ser na ideia, no conceito que é a ideia compreendida, não é nem o ser natural que ela idealiza, nem a ideia que ela inspira e exprime. Potência em ato do espírito, ela não se inscreve em suas obras, tampouco as assina. Estas são de direito *universais*, direito que se torna efetivo à medida que a contingência das línguas e a particularidade subjetiva cedem passo à necessidade racional. E o espírito próprio [31] de cada ator da linguagem, de cada sujeito da racionalidade, infunde e difunde sua potência, inspirando e exprimindo o pensamento do qual ele se retrai, em silêncio. É por isso que nenhum ser pessoal, em sua singularidade espiritual, é o que pensa, o que diz. Foi no abuso das reduções e simplificações, dissimulando a revogação do "mistério" do ser espiritual, que se quis — em fórmulas lapidares — esgotar o ser da alma em um discurso e trair a verdade substancial de cada homem no balanço de suas palavras. Certamente, o pensamento é colocado em ato e em operação pelo espírito. Isso significa, para quem não se esquece de suas fontes, que o espírito é "potência" do pensamento.

Recorremos várias vezes a esse vocábulo, *potência* do espírito, para designar a ordem do pensamento, o ato livre, o desejo humano. Com efeito, ele é o único que, ao ligar a força de um poder à virtualidade ontológica, a capacidade ao ser em potência, distinguia *aquilo pelo que só o ser espiritual responde*, mas em que ele não poderia esgotar-se, reduzir-se, nem mesmo entregar-se. Transferindo a análise mais precisa dessa categoria do espírito para uma sistemática mais completa, fixemos neste momento seu uso fenomenológico.

Revogando precipitadamente a categoria de substância, para melhor exaltar o "sujeito"[1], quis-se compreender e diluir o ser em suas operações. Desse modo, seria preciso banir Descartes e sua "substância pensante", rejeitando a função ou operação que dependesse de um "substrato". A alma, em particular, não é pensante, ela é todo o pensamento[2]. Desse modo, o ser é, adequadamente, sua operação. Ora, não somente o ser em potência é desse modo evacuado da ontologia, com todos os absurdos consequentes enumerados por Aristóteles, mas essa equivalência generalizada, ser = operação, tornava impossível a distinção real entre o ser de espírito e o pensamento que surge dele sem dele derivar, e ainda menos com ele se identificar. Daí essas estranhas formulações-programas: o ser é o que ele diz, ou o que ele decide, [32] ou o que ele faz, ou o que ele deseja. Mas o irrecusável testemunho de cada um as refuta: não sou nem meus pensamen-

1. São conhecidos os contrassensos complacentemente repetidos a esse respeito sobre a famosa fórmula de Hegel, totalmente teológica. Cf. *Pour la métaphysique*, p. 21-22.

2. Cf. V. Jankélévitch, *Philosophie première*. Paris, 1954, p. 193.

tos, nem a soma de meus atos, nem meu desejo. Eu sou, *substancialmente*, outro e infinitamente mais: eu sou o que é meu ser de espírito, eu mesmo. Contra toda uma modernidade ritual que, por colocar o sujeito em tudo, não encontrou em nenhum lugar o espírito em suas potências exercidas, é preciso reencontrar a verdade da proposição escolástica: *operatio sequitur esse*. Não importa aqui o implícito teomórfico que comanda a equivalência contrária entre o ser e suas operações. O que é essencial, neste momento antropológico, é o respeito da essência de nosso espírito.

Desse modo, teremos de compreender que o espírito não é o pensamento que é de sua potência, que o espírito livre não é a soma de seus atos nem o curso de suas aventuras que são de sua potência, que o espírito pessoal não é idêntico à inspiração do desejo que, no entanto, é sua potência de animação.

Foi considerando a triplicidade dessas potências do espírito humano que havíamos descrito a *lógica da existência*[3]. Segundo o jogo de sua tríplice mediação, Desejo, Linguagem e Liberdade conjuravam suas oposições dialéticas como princípios essenciais da existência. Mas a realidade ontológica substancial de cada espírito humano, concluída analiticamente em *filosofia do corpo*[4], exige agora sua ontologia. Que aquilo por que o conceito se manifesta na linguagem, esse de que e por que advém o lógico em nossa vida, dando forma ao pensamento, seja ele próprio concebível, eis o que a anamnese conceitual, que reflui para seu cadinho espiritual, simplesmente atesta. Assim vem ao conceito o que não é conceito e sim sua potência, o espírito, segundo uma reciprocidade do pensamento em relação à sua fonte inspiradora, reflexiva e expressiva, reciprocidade cuja instância teológica teremos de encontrar. Entretanto, o conceito instiga à busca da presença daquilo que ele necessariamente dá a pensar: não a lógica da existência humana em geral, a *quididade* frágil, em inclinação de ruptura, em conciliação difícil, da humanidade do homem, mas o [33] ser do espírito pessoal, na essência do espírito próprio de cada um, habitando o corpo individual do bípede-sem-plumas. O "eu", o "si", o "si mesmo", que é ele, em seu ser essencial, em sua *hecceidade* substancial?

3. Cf. *L'affirmation de Dieu, essai sur la logique de l'existence*. Paris: Seuil, 1964.
4. Cf. *Philosophie du corps*. Paris: Seuil, 1968, p. 231 s.

Ao empregar esse vocábulo de Duns Scot nós nos aventuramos, sem dúvida, nas aporias que ele suscitou e que reforçam o famoso debate aristotélico do livro Z da *Metafísica*. A essência singular não é um monstro lógico? O avanço na direção do individual não se interrompe na essência do indivíduo, na quididade da hecceidade? Sem dúvida, mas assim se marca o *acesso ao limiar do ser do espírito*, a vinda do conceito ao ser do qual ele é reminiscência. O que temos dificuldade em chamar de "alma", tanto a palavra foi arrolada nos dualismos clássicos, é *ser de espírito, forma-conceito, o mais próximo da singularidade pessoal*, distante dos grupos humanos, tipos de relações, espécies sociais, fundamento da universal lógica da existência humana, lógica constitutiva e normativa do equilíbrio frágil das potências do espírito. "O mais próximo" da concreção substancial, o que não significa uma aproximação da singularidade inefável, o que designa exatamente a *particularidade* da essência de cada espírito, que é único sem ser Deus, que é livre sem ser a absoluta iniciativa de seu ser, que não é nem algo como uma coisa, mas *alguém* porque é algo. Ou o espírito pessoal de cada um é uma pura ficção ontológica, absurda e patológica pretensão do bípede-sem-plumas, ou é preciso saber o que é, em sua maneira de ser *outro*, inassimilável, intraduzível tanto na ordem da natureza como na do *lógos, o ser do espírito* do homem.

Desse conceito até a presença do ser, estamos assim diante da exigência de animar uma memória do que é preciso chamar de experiência espiritual, isto é, a prova das manifestações observáveis, irredutíveis em seu fato e em seu sentido, do espírito de cada um de nós. Trata-se, sem dúvida, de constituir uma *fenomenologia do espírito*, desafiando as proibições kantianas que rejeitam, por meio de postulados metafísicos, toda experiência numenal, que, no entanto, é sem dúvida de uma simplicidade comum inegável. Mas essa [34] fenomenologia não pode ter nem o sentido nem seguir o método do célebre empreendimento de Hegel. Este empreendimento, com efeito, procedia em suas descricões dialéticas aplicando, como crivo formal de nossa existência, uma lógica absoluta do Absoluto sempre antecipada. Distinguindo uma ontologia *própria* do espírito *humano*, cujos momentos e as categorias constitutivas nos esforçaremos em elaborar, é que procuraremos agora re-conhecer as manifestações típicas de nosso ser espiritual.

2. O arquipélago das manifestações

Se nosso espírito se manifesta em "lugares" da existência que configuram uma topologia descontínua é porque todos esses fenômenos típicos nos confiam o ser de espírito, mas com a reserva do oculto, do segredo. O ser do fenômeno nele se revela, se expõe, se desvela a cada vez sem esgotar-se nele, sem expor sua substância às claras no aparecer. Eles não são, portanto, nem sobreponíveis nem substituíveis, e são, por outro lado, articulados aos tempos ou épocas da existência em sua relativa sucessão, em sua recorrência e concurso que desafiam a irreversibilidade cronológica. Lugares comuns mas privilegiados do encontro do espírito com o espírito, eles são a presença daquilo que só pode estar ausente de observações e controles objetivos que têm como função excluí-lo. Eles não oferecem nada para ser transcrito nos códigos ou repertórios das lições de coisas que os fazem esquecer. É por isso que a ontologia será convidada a converter suas categorias classicamente representadas no elemento da *Coisa*.

O recurso à experiência inicial do despertar do desejo humano era o começo necessário de nosso procedimento[5]. Era preciso, para poder apreciar o que está em jogo na prospecção, salientar a ordem do espiritual segundo a insaciável exigência humana que surge das necessidades biológicas como de um outro universo. Mas essa manifestação, prenhe de todo [35] o futuro das expectativas e exigências inéditas na história natural, articula-se a duas ordens de experiências. Uma é marcada pela admissão — implícita ou diversamente formulada — da *procriação*. A outra é o *aparecimento* do espírito da criança, nos primeiros encontros e aventuras da vida.

Gerar é uma mera função monótona da vida da espécie. Os indivíduos, substituíveis na geração, são apenas agentes reprodutores do semelhante. Por isso eles nascem para dar lugar aos seguintes, com sua morte abrindo a cada vez a porta da vida. A Senhora Natureza certamente fez bem as coisas com o fim de que a necessidade da identidade específica seja preservada: ela ajustou a necessidade ao cruzamento sexual e até mesmo deu como suplemento a ele o prazer que coroa sua satisfação. Mas esse prazer recebe

5. Cf. *supra*, p. 13.

finalmente a remuneração do impiedoso destino: em um prazo muito curto, "o nascimento dos filhos é a morte dos pais".

Esse é, pelo menos, o jogo banal da vida continuada pela vida destruída em cada representante, de geração em geração. Os efeitos se tornam causas antes de desaparecer. Mas esse não é nem pode ser o saber imediato do homem que gera o homem. Pois a certeza mais simples dos pais diante do recém-nascido é precisamente a de não ser causa de seu efeito. Por isso eles se dizem *procriadores*, como se, nesse caso, uma *outra* coisa chegasse ao mundo em vez de seu efeito natural comum. A certeza pode se apagar na noite inconsciente do genitor biológico se os pais se bestificam. Ela também pode ser arrebatada pelo delírio de uma imitação de Deus quando eles acreditam ser criadores. Apagamento e delírio se conjugam, por fim, ao modo do mais absurdo dos postulados quando se pretende, desde a concepção até o nascimento e a criação que se segue a ele, apenas fazer nascer um bípede-sem-plumas antes de conferir-lhe sua humanidade pela "educação"[6]. Mas, assim que a consciência parental desperta sem delirar, é justamente a certeza que espera sua verdade da primeira manifestação de um ser de espírito.

Certeza de não contribuir com *nada* na vinda à [36] existência de um *outro*, que constitui um mundo por si só. Com alguma coisa, sem dúvida, na vida que abriga o segredo desse outro. Mas com nada nesse ser espiritual, em segredo num corpo semelhante. O biólogo dirá que a vida se reproduziu, que do cruzamento sexual nasceu um novo indivíduo. Mas o saber objetivo não encontra a certeza procriadora.

Da certeza à verdade confirmada, é a expectativa em relação ao primeiro fenômeno do novo ser, de seu segredo ao primeiro desvelamento do em si espiritual, que, surpreendentemente, *está aí*, invisível na unidade do aglomerado de carne e osso, em seu ser para outrem. Desse modo, a certeza envolve a afirmação do *ser* de espírito, *em potência* de manifestação e de autonomia de si. Ser em potência que não é de modo algum uma potencialidade abstrata, um quase ser ou um ser menor. Presente em sua vida sem estar presente ao mundo, ele está aí por inteiro, absolutamente, sem

6. É exatamente o postulado implícito dos partidários do aborto: inocência de um ato de veterinário e asseveração da criação educativa.

ausência de ser, em definitiva identidade ontológica, na plenitude do que ele é, para sempre. Todas as aventuras de sua vida serão apenas história a ocorrer num futuro que não lhe é essencial, que seria apenas acidental se nele não se penhorasse a destinação espiritual que o ser de espírito contém em si mesmo, que é seu próprio, substancial, essencial, e que já é um desafio vitorioso à morte natural.

E eis que a verdade se confirma: a alegria dos pais diante do primeiro sorriso do filho é a alegria na presença do ser manifesto, em face do primeiro aparecimento do espírito. Alguém exprime seu ser feliz de ser. Sem dúvida a criança sorri para quem lhe sorri, e cuja principal ocupação é acolher o outro, em sua pura alteridade espiritual. Mas o sorriso não é imitação, a não ser para o observador dos signos convencionais, como eles o seriam entre um macaco e outro — a "macaquice". Pois no caso da criança todo o ser está presente em seu fenômeno, pelo signo que ele habita, por assim dizer, como em sua própria casa. Manifestação de um ser em superplenitude substancial, que se baseia em si mesmo, zeloso do mistério de sua origem, único detentor de sua destinação pessoal. O oculto leva vantagem sobre o desvelado, de toda a imensidão de um universo espiritual totalmente vinculado à sua fonte desconhecida. A interioridade ontológica, irrefletida, impensada, leva vantagem sobre a expressão exterior de si mesma. No entanto, não é uma parte de uma coisa que aparece, [37] nem um aspecto de objeto que é desvelado, nem um novo reflexo que começa. É o manifesto do espírito indiviso, dado a si mesmo.

Ter acesso à autonomia, no caminho da vida, à medida que se dá a formação dos hábitos que o conformam, em docilidade crescente ao comportamento voluntário, é aprender a ser para si, a reconhecer-se em seu ser próprio, no tempo em que se procura ser reconhecido pelo outro. A consciência de si, longe de ser o ato espontâneo de uma asseidade imediata, é *assunção* reflexiva e sempre recomeçante, com uma vivacidade variável, de seu ser pessoal: a ipseidade é conquistada, na íntima conversão a si por meio da qual se constitui a memória sem lembrança da substância própria. "Consciência significa memória", bem dizia Bergson, o que indica a operação *segunda*, que deve sempre ser retomada para que a lucidez íntima reencontre seu despertar, de uma adoção do ser que me é dado ser. Mas a reflexão assuntiva de si, em busca de transformar o eu em si *mesmo*, só é real porque se enxerta sobre uma conversão original irrefletida, sobre o recolhimento nativo do repouso sobre si, no qual o ato de ser do espírito é ato substancial. Ter acesso a si, longe de ser uma iniciativa ontogênica, é portanto a prova de minha origem *estrangeira*, quando aliás nenhuma causa de meu ser pode ser indicada no mundo humano e natural.

Desse modo, dispor de si mesmo permanece indiscernível de uma inicial e permanente referência à origem desconhecida, misteriosa — no sentido em que Gabriel Marcel falava de um problema que ocupa progressivamente seus próprios dados. A interrogação metafísica sobre o autor de seu ser, sobre a identidade concluída de um doador do ser espiritual que eu sou, deverá constituir suas mediações, elucidar os procedimentos necessários para reencontrar a origem da herança gratuita que é o "eu" inderivável em sua radical contingência. Mas, além dessa pesquisa laboriosa do filósofo, a reflexão interior, porque ela não é fundadora, é constitutiva de uma apropriação. Ela inventa, no sentido de descobrir, e não no sentido de inovar. Em consequência, o poder de dar de si é simultaneamente a impotência de se dar [38] si mesmo, a si mesmo, seu ser próprio. Não ser a origem de si mesmo é a admissão de uma *mancha cega*[7] que está em minha raiz, de uma autodeterminação que não é autoconstitutiva. Toda a existência será pois interrogação da origem, em uma nostalgia ontológica que, de modo idêntico, será solicitação de um destino pessoal que me restitua ao Antes de meu advento. A interioridade difícil, por reflexão autoadotiva, arma assim o desejo de minha própria identificação, no momento mesmo em que essa interioridade é o ato de se identificar, de ser si *mesma*. E toda aspiração, que inicia e dinamiza a exteriorização rumo ao mundo, que abre para os outros na protensão difusiva de si, permanece acompanhada pela expectativa silenciosa, pacífica ou apaixonada, de recobrir a origem absoluta do ser que eu sou, dado a si mesmo.

Entretanto, a esse acesso a si que constitui o sentido íntimo, em que a abertura envolve a reflexão ipseica, corresponde a manifestação do outro, cada vez que a presença de outrem transgride nossa indiferença para

7. Trata-se de uma metáfora de origem médica. A "mancha cega" é o ponto em que o nervo óptico penetra no globo ocular. Neste ponto, não há formação de imagem. (N. do R. T.)

provocar seu reconhecimento. O fato de espírito, inegável na expressão do ser próprio do outro, é sem dúvida a experiência decisiva da *diferença* substancial, da alteridade inexpugnável, cada vez, no encontro de espírito com espírito. A mais assombrosa manifestação do invisível é que no corpo de outrem, em uma expressa distinção do que ele diz, quer ou faz, seja expressa, na expressividade de seu estilo de comportamento, em seu rosto, seu olhar, uma presença espiritual, um sentido próprio do ser de espírito que habita o outro bípede-sem-plumas. Sem dúvida, o fenômeno do espírito não expõe o ser sem dissimulá-lo, não o desvela sem ocultá-lo. E todo o registro das dissimulações, mentiras, máscaras, jogos de personagens, se tornará possível pela subsistência do invencível segredo ontológico que nenhum saber, nenhum método de indiscrição poderia forçar. Entretanto, incapazes de "sondar os rins e os corações", diante de nós está o outro espírito, incomparável, irrelativo a todo outro na expressividade de si mesmo, sem a qual, literalmente, ninguém jamais conheceria ninguém.

Em continuidade com a aparição do espírito, na inocência do sorriso, ao alvorecer da existência, o ser do espírito de outrem sinaliza assim sua presença na vida natural, no jogo do corpo conquistado, formado, conformado, e [39] oferece sua identidade singular, mas oculta a espessura infinita de sua substância incomparável.

É por meio da expressão do ser, em seu sentido próprio, inefável em seu dado irrecusável, que é compreendida em "simpatia" intuitiva a situação existencial do ser vulnerável, ameaçado, ferido em sua confiança, desfeito em seu sofrimento, abandonado em sua solidão, angustiado em sua destinação incerta, fora da segurança oferecida pelas coisas, sem o apoio e as garantias das matérias indestrutíveis. Sem experimentar o que o outro sofre[8], em uma clara diferença e distância ontológica, seu ser espiritual se mostra dependente, frágil, falto de raízes e de subsistência. Inesgotável em sua substância insondável, indivisível e inexpugnável, inassimilável e inalienável, ele se experimenta, em sua passividade original, à mercê do destino, por meio das provações. Dor em que seu corpo o escraviza, fracassos, recusas, dificuldades de viver. Defecções, golpes sofridos, decepções,

8. Cf. as análises insubstituíveis de Max Scheler em *Natureza e formas da simpatia*.

desesperança. O ser que não deve seu ser a si mesmo, que, no entanto, é entregue a si mesmo, dado a si mesmo, é na penúria de confirmação, em expectativa inquieta de exaltação, de alegria de existir. O preço das alegrias efêmeras não tem correspondência com a silenciosa e consubstancial expectativa de uma morada eterna de substância assegurada, salva.

Essa memória elementar da manifestação do outro remete-nos imediatamente a nós mesmos, que sabemos, cada um de nós, um pouco mais sobre a insegurança de nosso ser solitário e para sempre privado de seu fundamento. Assim que é rasgado o véu artificial das complacências em nós mesmos, assim que cessa a distração pelos ruídos do mundo, que nossos esforços nos cansam e que o desdém aviva a insignificância dos sucessos, experimentamos a debilidade do ser para si que não possui a chave de sua destinação e ignora sua razão de ser. É necessário um ato de fé para superar o medo do vazio e a angústia de esfumar-se nele. Voltar a si, refletir, retirar-se para dentro, essa é a exigência de autonomia em toda atividade. Mas a libertação, em sua retirada, em sua [40] negatividade indispensável à liberdade, é o risco de uma impossível autarquia, da insuficiência para si mesmo, no sem-sentido da existência fechada, encerrada, na vereda do íntimo esgotamento espiritual. Em consequência, do ponto de vista inverso da efusão, do dom de si, do serviço em que se confirma a infinita consistência de nosso ser, é a vã retração sobre si mesmo em busca de autossuficiência que produz o esvaziamento interior. Ao querer experimentar o que há de único em si mesmo, o ser próprio se desfaz em seu ser, em sua unidade. Ao querer beber em sua própria fonte, apenas se pratica um esgotamento desesperado. É por isso que o que falta ao homem, sua necessidade incurável, é seu Outro, absolutamente.

Desse modo, o retorno reflexivo sobre si mesmo só é mobilização de sua energia espiritual se ele permite e se ele acompanha a abertura, a expansão para fora, a expressão, a ação. Sem essa positividade expansiva, a negatividade da retração é um risco de privação de si. Mas, inversamente, não há nenhuma autenticidade — no sentido claro de ser autor — no ato e na ação sem que a retração interior se contraponha à atividade exterior, ao ato do dom de si na obra e para o outro.

Imaginar o amor de outrem, no máximo do dom de si, como o abandono extático de um ser totalmente externo a si mesmo seria apenas uma pobre ficção literária que deixaria de fora o essencial, o necessário ritmo espiritual por meio do qual a abnegação é acompanhada pela conversão e pela confirmação íntima. Não há dúvida de que a animação espiritual é potência unitiva. O espírito carrega em si a exigência de uma comunhão que desfaz as distâncias. Mas a vida de comunhão é um mito superficial que não dissimula a incapacidade de amar. Não é que os indivíduos, tomados na sua individualidade, não possam dar de si mesmos, ir ao coração do outro, correndo o risco de ter sentimentos evanescentes que reconduzem à sensibilidade própria. Ocorre que não há nenhum movimento positivo da alma, nem mesmo na reciprocidade do coração ao coração, que não seja o negativo superado e, contudo, mantido, da retração e do retiro. As imagens do puro amor na ausência de si, a privação do ser próprio são indiscerníveis da realidade de uma demissão pessoal ou de um movimento natural insignificante. Até mesmo para dar a própria vida, é preciso manter o próprio ser. E quem é incapaz de odiar não [41] sabe amar. O perdão que não é vingança possível e conjurada é mera fraqueza, piedoso sentimento sem piedade. A promessa não é fidelidade inicial se ela não é a manutenção da recusa superada. Seria preciso dizer que o bem é o mal desmentido, anulado, negado. Desse modo, nada é dado quando a recusa não é possível nem, sempre, poder do espírito.

Assim o espírito, manifesto na expressão de si mesmo, opera sempre segundo sua lei de existência continuada. Lei de conjugação indissolúvel do interior e do exterior, de recolhimento e de oferenda, de isolamento e de abertura.

A surpresa de existir, de surgir na vida sem me explicar pela vida, implica seu corolário de fragilidade ontológica: eu não posso, de modo algum, alegar a certeza de uma subsistência, e todo apoio se pulveriza, se consome na evidência mais indiscutível, a de minha contingência. De toda a animação de meu espírito, eu sou desejo de ser, de subsistir eternamente. De toda a antecipação inevitável da morte, falta-me o ser para contornar a expiração e sua angústia de não mais ser.

Entretanto, de tanto dissertar sobre a angústia da morte, a literatura existencialista usou e banalizou o tema. Não que ela tenha majorado complacentemente a sua experiência antecipatória crucial. Mas esta só é o vivo de uma ferida mortal de meu ser por uma contradição imediatamente insuperável, pela copresença antitética, na textura de minha consciência, da força invencível de minha maneira espiritual de existir: como contraponto lancinante do "ser-para-a-morte" subsiste em seu desafio irredutível a afirmação que Spinoza fez ressoar: *experimur nos aeternos esse*. O manifesto espiritual do espírito à sua consciência íntima é, indissociavelmente, um *e* outro.

Como a essência ipseica do ser espiritual não provém das necessidades naturais, não podemos de modo algum nos experimentar como servos das leis da vida que comandam a morte. Eu sou de uma outra ordem, e não sou deste mundo. Entre os limites do devir, [42] do nascimento até a morte, minha existência não está inscrita. Inderivável do primeiro, tampouco estou prometido à segunda. O tecido de meu ser não é tramado pelas venturas e desventuras da concepção carnal nem da decomposição cadavérica, no vaivém monótono, entre os contrários em que os indivíduos aparecem e desaparecem. Essa é a verdade indubitável do *Fédon* de Platão: o ser de espírito não possui contrário, apenas a contradição absoluta do ser e do Nada. Não há nenhuma passagem concebível entre um e outro. Ora, *eu sou*: fulgurante e imperecível afirmação proferida sem contestação de mim para mim mesmo. Mais que isso, se meu ser se experimenta como *dom* a si mesmo, sem retenção nem reserva, sem mecanismo, dedução, processão, derivação, ele *não poderia ser retomado*, retido, absorvido, resolvido. Ao existir, ele apenas pode ser.

Mas a luz mantém sua impenetrável obscuridade. Que segurança? Sobre o que me apoiar, repousar, quando não posso imaginar ou pensar minha existência fora do corpo natural, que contudo eu não sou? A morada carnal que habito está prometida à destruição, eis o que é inelutável. Mas que outra morada se não posso existir espiritualmente sem recrutar a vida do corpo, sem buscar nela a energia para pensar, querer, sem aclimatar seus poderes de expressão, de ação, de manifestação e, portanto, de encontro? E o tempo, o tempo das coisas que consome a vida, passa, faz passar para o não-ser do passado, arruinando nossas tentativas de nos opormos à sua lei de aniquilação, para fazer história, para durar. Ser de espírito, sim, mas que destinação contra o destino de morte, que esperança resistirá à expiração, sempre iminente?

Essas perguntas, reanimadas em cada momento de solidão, cada vez que o mundo cessa de divertir, remetem-me ao antes insondável, na nostalgia de uma terra natal perdida. A mancha cega, em meu começo, dissimula meu fundamento, a Origem de mim mesmo. Para aí é que seria preciso voltar, como em um destino prometido. Para a frente, o ser torna-se esquivo; não se pode fugir rumo ao futuro indeterminado, sem a angústia de ser apagado no vazio. O impulso da existência reflui para um imemorial da Posição de meu ser que a memória não poderia evocar. O que é exigência do retorno, do [43] refluxo, da conversão à Origem, seguramente é a íntima e contínua conclusão provisória de meu itinerário: *a Nada talvez eu esteja prometido, de Nada eu não poderia surgir*. Em consequência, o destino indeciso que envolve meu ser espiritual não pode ser afastado, desenraizado do Antes donde eu advim. Nenhuma exigência de sobrevivência, de sobre-existência, de salvação, pode assumir a figura da fuga para a frente, com todas as amarras soltas, senão para seu desprezo. E a evasão rumo a um "campo aberto" expressa sinistramente o desejo absurdo de esquecer a morte. Há apenas um caminho para canalizar a esperança consubstancial ao espírito: o que conduziria ao reencontro de sua Fonte. Por ele passam as possibilidades de felicidade e toda inspiração inventiva para exaltar, dilatar rumo às dimensões da alegria tranquila o ser que eu sou e que possui sua essência apenas na promessa, que o constitui, de durar na existência.

A menos que, na inacessível solidão fechada em que se antecipa a morte, minha morte, singular, impartilhável, meu último desafio à vida perecível corte seus laços antes que eles tenham sido desatados. A extrema contração do ser fechado a toda destinação torna-se então a autossupressão suicida. Mas deixar de ser nunca é garantido para quem não pode possuir a verdade do ser.

Do conceito, em anamnese de seu ser, às manifestações reunidas tanto em suas disseminações como em suas mútuas ocorrências, nós fazemos assim memória do espírito, dos encontros do espírito pelo espírito. Ainda resta extrair os momentos essenciais do sentido do ser espiritual por meio de uma *eidética* que prepara a ontologia. Eidética tão simples quanto revogadora dos predicados gerais da Coisa. Ela se enuncia em quatro afirmações indissociáveis:

1 / O que sou, o que é pessoalmente cada homem, não é um conjunto de "dados" fenomenais em sequência na experiência empírica. Nem a individualidade de um corpo natural, nem a compleição resultante de uma gênese biológica. É um *dom de ser*, e toda a sua existência é a de ser um dom, de ser um *ser-de-dom*. Nem fabricado, nem gerado por seus procriadores, o ser de espírito de [44] cada homem, em sua irredutível alteridade em relação à Natureza, é, antes de todas as aventuras da existência, o dom substancial cuja assunção constitui a identidade espiritual do "si mesmo", o espírito livre.

2 / A maneira de ser do espírito é *segundo a forma do ritmo pneumático* de exteriorização e de interiorização, do manifesto e do secreto, da expressão difusa e da reflexão ou conversão substancial. E em sua triplicidade, as potências espirituais operam segundo o ser assim ritmado do "sopro" espiritual. Desejo, pensamento, liberdade mantêm, de seu modo insubstituível, a contracorrente da reflexão negativa, contrativa e da expressão positiva, expansiva.

3 / O que é cada ser de espírito, em sua particularidade substancial, na quididade de sua hecceidade, não é uma forma predefinida, imposta à existência em sua inalterável identidade. A essência do ser de espírito, oculta dele mesmo, é *constituída por uma destinação singular*. Destinação espiritual e determinação ontológica, finalidade pessoal e forma do ser são indiscerníveis.

4 / É a volta à fonte do ser que encerra o segredo da destinação. É como uma *conversão à origem* que a existência espiritual experimenta a espera de uma última transgressão da morte. Todo futuro a ser construído, o itinerário completo de cada futuro espiritual só ganham sentido ontológico por meio da volta ao Fundamento de meu ser.

3. Memória e dialética do esquecimento

O fio condutor para uma ontologia de nosso espírito foi descoberto na *anamnese* de seu conceito. Neste último, o sentido determinado pré-forma a *presença* manifesta, cuja busca ele suscita. Mas é notável que o reconhecimento da manifestação tenha como mediação a *memória* de seus lugares essenciais. Memória ativa, em dificuldades de restituir a experiência espiritual à concepção, embora esses fenômenos de nosso ser mostrem-se como os mais comuns e os mais familiares da existência. Estamos primeiramente em esforço da lembrança, como se a presença estivesse perdida, antes de reencontrá-la na concreção de nossa vida.

[45] Essa situação convida ao diagnóstico da *abstração* que altera nossa consciência a ponto de torná-la desatenta ao espírito, estranha a si mesma, esquecida do ser que ela deveria refletir. Que o pensamento filosófico, exercendo-se hoje em desatenção à existência, negligencie o que é ao mesmo tempo o mais surpreendente, o mais simples e o mais indubitável na experiência humana, eis algo que revela o fato e a importância dessa abstração, o peso morto do esquecimento que pesa sobre a modernidade. Repetimos uma lição empobrecida de Kant ao supormos, como uma evidência primeira, que só há experiência empírica e que não há nenhuma presença do espírito. Decompomos a linguagem em elementos materiais e em estruturas formais, esquecendo a presença do pensamento nas palavras. Conhecemos apenas o indivíduo das aparências biológicas ou dos mecanismos psicológicos, negligenciando o essencial, a manifestação expressiva da alma, que é, no entanto, imediata. Descrevemos e medimos as necessidades da vida, multiplicadas por nossas técnicas, preenchendo toda a demanda humana, quando o olhar da criança inaugura a aspiração espiritual tão irrecusável quanto inútil à vida natural. Alterada e empobrecida, reduzida e desfigurada, distraída, desviada de si mesma, nossa existência não se sabe mais portadora de uma destinação espiritual, no tempo em que o ser é apenas matéria expandida das coisas, em que nossos corpos são vividos na ausência de substância pessoal, esvaziada, espalhada aos quatro ventos das tarefas absurdas.

Entretanto, simultaneamente, proferem-se clamores de liberdade, redigem-se profissões estranhas de vontade de potência. O niilismo espiritual proclama fastidiosamente que o ser é privado de sentido e de espírito, obrigando assim os filósofos a separar o sentido e o ser, a ideia e sua verdade. Mas o esquecimento do ser de espírito, de suas mais humildes manifestações, deixa intacta a afirmação prometeica de uma criação de si por si mesmo, modulando incansavelmente com base na imitação do divino. É preciso inventar o que somos a partir do vazio; não somos nada, precisamos nos tornar algo. Nunca foram tão utilizados, até chegar à banalização, os termos "criação" e "criatividade"! Precisamente, o esvaziamento ontológico da existência, a insensibilidade sistemática pelas manifestações do espírito [46] parecem resultar do casamento aparentemente monstruoso do *naturalismo* e do *teomorfismo*. O homem, ao que parece, nunca se compreende melhor como um animal do que quando quer ser um deus para si mesmo. Podemos observar essa conjunção a respeito de cada manifestação do espírito que compunha nosso arquipélago.

1 / O nascimento da criança é lido duplamente como geração biológica *e* como criação individual ou social.

Por um lado, em êxtase materialista diante de uma genética em que "funciona" com esplendor um modelo linguístico — o "código" —, o recém-nascido é o produto de um cruzamento casual que fornece um exemplar inédito do bípede-sem-plumas. Tudo é dito no "texto" molecular que não contém nenhuma promessa de espírito e resume o destino natural de uma vida. Ninguém está ali, no segredo da vida começante.

Por outro lado, o vazio original, a ausência de ser substancial chamam indiretamente, por assim dizer, a asserção da autocriação, estéril ou fecunda, variando de acordo com a lucidez dos autores. Forjar a própria essência a partir do vazio, tentar desesperadamente, absurdamente, passar do nada para o ser, esse é o estilo existencialista, solitário, cujo eco social responde pela educação criadora: a sociedade forja o ser do homem.

2 / No lugar do espírito que aparece, desde o primeiro sorriso, em sua sobreplenitude espiritual, apenas se lê a criação de um organismo que está aprendendo os reflexos e os hábitos adaptados ao meio. Confiada ao veterinário-pediatra, a criança deve crescer em equilíbrio biológico para melhorar suas "performances".

No entanto, o adestramento biológico é acompanhado pela afirmação de um "sujeito de direito", a ser esperado, e a pedagogia se esgota ao cultivar o mito da "espontaneidade". Nenhum ser tem de ser formado, nenhuma disciplina deve favorecer a difícil assunção de si. Por meio dos fragmentos irrisórios de um culto da natureza dissimulada, segundo um rousseauismo banalizado, a liberdade deixada à sua autoinspiração é, mais que um pretexto para a preguiça dos adultos, fé em uma imediata autonomia abafada pelas coações sociais.

3 / Somos especialistas — ao menos acreditamos nisso — em ciência classificadora dos outros. Em nossos repertórios — biológicos, [47] caracterológicos, analíticos dos comportamentos, distintivos das "motivações" — são situados, codificados, repertoriados os indivíduos identificados. Mas a identidade, de medidas e controles, exames sistemáticos de todo tipo, não expressa mais o ser pessoal e tampouco encontra o espírito. Os comportamentos são eticamente neutros e, no grau zero, metafisicamente equivalentes.

Entretanto, a redução naturalista e funcional do outro ao mesmo, do Uno à sua série, é acompanhada por declarações prometeicas feitas segundo o gosto do dia. Como o sujeito não é nada, como ele deve forjar seu próprio ser, ele é apenas um resultado, uma soma de suas iniciativas puras. Conjunto de seus atos, totalidade do que diz, sempre reduzido a seus fenômenos, a seus atos aparentes, ele se enuncia como balanço de aventuras que o constituem do começo ao fim.

4 / O outro limite do nascimento no trajeto da vida, a morte torna-se um local de experimentação da decomposição natural. E, no momento em que ela se mostra privilegiada por toda tentativa de prolongamento artificial, ela é comumente preferida à existência continuada dos estados pouco suportáveis da vida. A morte seleciona e só preocupa como problema não resolvido para a demografia de curto prazo.

Inversamente, por dentro, a morte fascina em sua desesperança insular. Último refúgio e disposição de si absoluta, ela é meu direito divino, a prova irrefutável de meu desafio à vida. O suicídio martela as consciências, para dispensar a terra, recusar as coações e apagar com uma recusa prometeica todo dom insuportável do ser.

Assim foram construídas, no reverso do esquecimento do espírito, duas leituras da existência, uma feita em termos materialistas, ou naturalistas, a outra em termos ontogenéticos, teomórficos. Em seu contraponto mútuo se enuncia a remissão de um extremo ao outro, da necessidade das coisas à liberdade absoluta em relação tanto à natureza como às situações históricas e sociais.

Nesses dois registros que se abrem quando é perdida a memória de nosso ser, tudo o que fazemos é receber uma herança. A da vontade que armava o Ocidente quando a constituição de uma ciência da matéria tomou impulso há mais de três séculos. Era preciso provar [48] o senhorio do homem sobre a natureza, segundo os termos de Descartes; edificar para isso um saber quantitativo, operatório, capaz de criar técnicas, potência das metamorfoses de nosso universo. Sistematicamente, revogando toda filosofia da natureza, toda ciência qualitativa, edificamos, com efeito, um saber eficaz. A divina soberania de nosso espírito livre experimenta sua verdade ao reinar sobre o mundo deserto das coisas transformáveis, manipuláveis, enquanto a avidez das necessidades multiplicadas pela produção industrial relega para o passado, apaga como uma velha figura mal traçada, a aspiração humana que ilimita o desejo. Partição, divisão em dois campos do ser: o mundo material por um lado, totalmente exterior, da matéria que preenche os espaços, se enfrenta à liberdade acuada na interioridade. Para o *ser* do *espírito* não há nenhum lugar e, muito rapidamente, nenhuma lembrança.

Mas essa partição afeta o próprio homem, seu autor, desde que por meio de seu corpo, de seu comportamento exterior, ele assume um lugar no conjunto material, torna-se objeto dos saberes positivos e matéria das técnicas. E, embora não haja um equilíbrio entre o universo material e o vazio interior do qual se profere a liberdade divina do homem, ainda subsiste a velha afirmação prometeica em série de encantamentos dogmáticos, desde o sujeito absoluto das filosofias até as ideologias em forma de religiões seculares, passando por todos os manifestos românticos, violentos ou suicidas, de nossa liberdade "criadora" em sua própria esterilidade. Sob as palavras e as coisas, impenetráveis umas às outras, jaz como um cadáver decomposto o ser do espírito do qual perdemos a memória.

Não é difícil descobrir o princípio dessa dialética histórica, cuja fatalidade não poderia ser vencida sem que seja restituída a verdade de nossa existência. Está claro, com efeito, que a união das leituras naturalistas e teomórficas não é comandada de modo algum por uma realidade contraditória. Estas desconhecem e pulam a experiência simples mas completa, e são as consequências lógicas e existenciais de postulados metafísicos que se impuseram até chegar às dimensões de uma civilização. Postulados nos quais são identificados o ato puro, ontogenético, autocriador, e seu reverso, sua imediata contradição, a pura exterioridade de uma Natureza com o [49] estatuto de matéria universal. Identificação dialética por meio da qual se justapõem duas leituras incomunicáveis e que é a lei de bronze da abstração. Assim que, com efeito, o Ato, começo absoluto de si mesmo, fim instantâneo de sua iniciativa, plenitude sem espessura, é o *único* pensamento, pensamento limite inconceituável, da *Liberdade*, o espírito livre do ser do homem é atingido pela interdição ontológica, esvaziado de substância, desrealizado, em sua conformação ao informe do Ato puro indeterminado. Em consequência, o ser observável, cognoscível, é exclusivo do espírito livre, de sua reflexividade, de sua interioridade, de sua unidade. Ele é a *Res*, expandido no espaço, como mecanismo universal. Não há dúvida de que as representações podem diversificar a identificação matricial, e as leituras alternarão no esquecimento comum de sua equivalência, de seu paralelismo, de sua inversão recíproca. Mas o naturalismo sempre acompanhará um espiritualismo inconsistente, reduzido à inefável indeterminação.

Deus sive Natura. A asserção espinozista é o que está implícito em um desdobramento antropológico multiforme que exclui a ontologia do espírito. Como a linguagem decomposta oferece à ciência apenas a exterioridade material de seus ruídos, assim que o pensamento se pensa como juízo de uma inexpugnável liberdade totalmente interior, o espírito, que rejeita e esquece o dom que ele é, se arruína na ideia fantástica da autocriação, ainda que a vida do corpo natural seja apenas conjunto precário e insignificante de matéria em movimento. O espírito não habita mais a natureza como seu outro e seu senhor, seu sentido, sua verdade última e seu local de manifestação. Toda filosofia do corpo se mostra ilusória, enquanto o "sujeito", reduzido à sua operação, identificado ao ato, não é mais o ser em potência, o ser oferecido à assunção ipseica, e capaz de efusão espiritual de si mesmo.

Mas o esforço de recognição do espírito arma uma retomada de sua ontologia que desafia os preconceitos mais arraigados. Ontologia que devemos agora tentar elaborar.

3. O ser e a existência

1. Ontodorologia[1]

Adequada ao seu conceito, a presença do ser de espírito em suas manifestações não se dá como uma sobreimpressão dos fenômenos naturais. Ela não é um registro suplementar da experiência empírica, e sua eidética não é a sobredeterminação contingente e aleatória de uma fenomenologia da percepção. É justamente o *outro da natureza* o que se manifesta, informalizável nos repertórios físicos ou biológicos, e do qual se privam metodicamente as ciências da matéria. A experiência concreta — completa — do espírito é assim, na empiria, *metempírica*, ou, propriamente falando, *intuição numenal*. Mas a imediatidade da manifestação, encontro do espírito com o espírito, não apenas é reencontrada pela

1. Propomos este vocábulo, que é o único adequado para conjugar as palavras gregas que significam o ser e o dom. [Bruaire propôs o termo "ontodologia". Preferimos, no entanto, seguir a sugestão de Lima Vaz, assim justificada: "mais literalmente, e para evitar uma assonância desagradável, conviria o termo 'ontodorologia', de *óntos-dóron*." (*Antropologia filosófica I*. São Paulo: Loyola, 2001, p. 230). Talvez Bruaire tenha formado o termo a partir da raiz do verbo grego *dídomi*. Entretanto, como no conceito de dom o sentido passivo e o ativo coincidem, a utilização do substantivo *dóron* não trai a intenção do autor. (N. do R. T.)]

mediação de uma memória guiada pela anamnese conceitual, ela é constituída por aquilo que ela dissimula, na interioridade espiritual, e que engaja a experiência na *concepção* do ser-outro espiritual. Desse modo, o que é manifesto conduz forçosamente à ontologia, o fenômeno conduz ao saber de seu ser, tão logo a certeza reconquistada busca sua verdade no elemento do discurso que dela estava desviado.

[52] O ser manifesto em seu próprio segredo, segundo uma exterioridade que remete à interioridade irredutível, que se expõe como substância inesgotável em seus dados, núcleo ontológico inconversível em suas operações, inteligível e invisível, irrecusável e incorpóreo, expresso mas não formulado, é assim, sempre, como o uno fora de série no múltiplo que ele desafia de seu lugar exclusivo, o ser pessoal, o ser singular de cada homem. Singularidade relativa à particularidade substancial de um ser de espírito: nem a unicidade absoluta de um Deus universalmente exprimível, nem a coisa, o algo impessoal do indivíduo em sua espécie ou da parte de um universo. Assim, o ser de nosso espírito escapa da disjunção entre sujeito e substância, apressada e abstrata, cúmplice de uma metafísica precipitada que confunde o espírito e o ato puro, o ser e a coisa.

Os termos clássicos da interrogação ontológica nos fazem tender à seguinte fórmula: qual é a *essência* do espírito humano? Mas "essência", em consequência dessa correlação, indissociável e mutuamente interior, entre *quididade* e *hecceidade*, obriga ao vaivém da atenção: da determinação comum à singularidade exclusiva, seríamos intimados a procurar no registro das definições formais o único inefável, alógico, que não poderia ser encontrado aqui. Será preciso invocar, junto com Leibniz, uma definição de direito, inacessível na falta de uma análise infinita? Mas isso seria, logo de saída, contradizer a eidética das manifestações do espírito ao evocar uma necessidade lógica justamente quando se trata de conceber o *ser-a-si*, o ser-para-si, o ser com vocação de liberdade, em potência de atos como sujeito. Não que o ser de espírito seja indeterminado e privado de substancialidade, mas porque *o que ele é*, em sua forma ontológica, é inseparavelmente *aquilo a que* ele é destinado e que não é definido previamente como uma predestinação, uma morada reservada. Um fim predestinado seria indiscernível de uma predefinição, de um possível determinado que viria a existir pela realização das compossibilidades no mundo. Nada que se aparente a essa lógica da fabricação: o ser de espírito não é o efeito do acionamento de uma estrutura formal preconcebida.

Nem de direito, nem de fato para um Fabricador divino, o ser pessoal é dedutível em uma definição nem inscritível em um [53] "mecanismo metafísico", dado que ele não é derivável de um mecanismo natural. Se o compêndio de seus fenômenos obriga a designá-lo pela palavra *dom*, isso ocorre porque ele *é sua essência*, em seu próprio começo. Exatamente, a distinção essência-existência é aqui nominal e segunda do ponto de vista do ser, por mais inevitável que ela seja para os enunciados ontológicos comuns. O próprio de um ser-de-dom é, com efeito, rigorosamente, ser tudo o que ele é, e que o que ele é seja: *o* que é dado não é *nada* antes de ser dado, independentemente do *fato* do dom. Caso contrário, projeto, possível, intenção, ele não é dom, simplesmente. E essa simplicidade só perde sua clareza em razão de assimilações falsificadoras àquilo que não é espírito. É por isso que a *existência* do espírito humano não poderia aqui ser enunciada como o real *in actu* diante do possível, mas *subdistinguida do ser*, como a história continuada do ser que permanece seu autor, seu ator e seu desafio, como a subsistência, no tempo da vida humana, da substância pessoal. Vocábulo que retém, além disso, o surgimento para o ser — *ex-sistere* —, de quem não é sua própria origem e se surpreende em ser o que é, o que lhe é dado como partilha de ser. Surpresa que provoca o sentimento *sui generis* de existir do qual os existencialistas, na trilha de Rousseau, se tornaram evocadores.

Mas por que somos obrigados a dizer "dom"? Com isso não tomamos arbitrariamente do vocabulário da transferência das coisas, dos legados e das oferendas, e ao mesmo tempo não evocamos uma generosidade de uma outra ordem, ética? A ontologia pode abrir espaço para o dom, melhor que isso, ela pode ser convertida a essa categoria privilegiada?

Precisamente, o dom não é nem uma categoria ontológica ao lado de outras, nem a sobredeterminação de seu conjunto, que seria necessário para qualificar a espécie "homem". Ele é, em uma sinonímia perfeita, o ser em sua maneira espiritual de ser. Por isso a famosa diferença ontológica entre um ser e o ser desse ser, entre o ente e o ser, ou entre o que está presente e a presença, que Heidegger tomava emprestada de

Schelling[2], parece aqui nula, vazia de sentido. [54] Veremos, ao tratar do Absoluto do espírito, que ela contém uma verdade decisiva e última, mas ela aparece presentemente como impraticável em uma ontodorologia analítica do espírito humano. Pois o fato de ser e o ser que é de fato, o ser como verbo e o ser como substantivo, são indiscerníveis, o fato de ser dado não pode ser distinguido realmente ou modalmente do próprio dom. Ao identificar em seu sentido o ativo e o passivo, o dom é um ser em e por seu ato de ser.

Mas a questão volta por inteiro: por que "dom"? Por que invocar uma qualidade de origem e identificá-la assim ao ser de espírito? Por três razões que se encadeiam necessariamente.

1 / O ser de espírito, como aprendemos de suas manifestações, é inderivável e indedutível. Nem efeito natural, nem consequência lógica. Por isso ele é, a cada vez, transgressão da identidade mecânica ou analítica. Em sua nova alteridade, ele jamais é o desconhecido que tem de ser ligado ao conhecido.

2 / O ser de espírito não é autocriado ou *causa sui*, qualquer que seja a precaução tomada no uso da expressão. A cada fenômeno de si mesmo, para si mesmo ou para seu outro, ele revoga toda pretensão teomórfica. Começo real, ele não é seu próprio começo absoluto e não detém a iniciativa, nem de ser, nem de ser o que ele é.

3 / Positivamente, o ser de espírito é *dado a si mesmo*. E é por isso que ele é *livre*. Livre em seu ser, que repousa sobre si mesmo, votado totalmente à autoassunção e dom inalienável, inatribuível, quaisquer que sejam as demissões e servidões que possam marcar a sua história. Ser a si[3] e prometido somente a si mesmo, potência de atos de liberdade, substância da qual desperta, na qual se enraíza, a autonomia da existência.

Ora, o ser dado a si mesmo, sem reservas, sem retenção, não exprime nada mais, a rigor, univocamente, que o dom. Se, como tal, o dom é *tudo*

2. Empréstimo revelador, na medida em que ele neutraliza a significação última dada por Schelling à diferença ontológica, a do divino e de Deus.

3. A expressão "ser a si" é inusitada, mas é a única que traduz "être à soi", respeitando a presença implícita do verbo "dar". Com efeito, em todos os empregos da expressão "ser a si", Bruaire significa o "ser *dado* a si". (N. do R. T.)

ou nada, é precisamente porque ele é seu próprio destinatário e beneficiário. Outro de todo outro, ser a si sem repartição, ele é o ser-de-dom, dado que não é seu próprio fundamento. O ser de espírito que não é Deus é dom ontológico ou não é.

[55] Dizer o ser de espírito do homem exige, por conseguinte, um triplo ajuste discursivo, para ganhar adequação ontológica. Restringir nossas representações, escravizadas ao registro do ter. Articular de verdade o sujeito e sua identidade refletida, ipseica, com o ser substancial. Corrigir a abstração em que se encerra a ontodorologia quando se preocupa exclusivamente em pensar o ser de espírito em sua radical alteridade.

Em primeiro lugar, as imagens e falas usuais concernentes ao uso de "dom" estão ligadas ao domínio do ter, da propriedade da coisa. Aquilo que se detém, que se possui, pode ser cedido, oferecido, "alienado" como diz o direito, dado a outro. Aqui o dom é pensado na facilidade, julgamos nós, de uma clara disposição da coisa. Perguntar-se-á: quem dá, o quê, a quem? De tal modo que parecemos violentar o sentido do dom quando ele deve exprimir o ser-de-dom, quando o benefício é identicamente o beneficiário, quando a oferenda é o destinatário, quando o "presente" constitui o que ele apresenta, institui no ser seu portador, constitui uma substância espiritual consigo mesmo. Estamos longe, contudo, de tomar emprestado, forçando a palavra, ao registro adequado do ter. É o contrário que é verdade. O ser-de-dom dá sentido ao dom das coisas, à oferenda, ao presente. Para compreender isso, basta lembrar as críticas mais fortes e mais clássicas feitas à propriedade. Guardada ou dada, a coisa possuída não tem relação, em seu ser, intrinsecamente, com o ser do possuidor. A distância, a alteridade recíproca constituem o sem-sentido do ter que se resolve em violência de um direito usurpado. Em consequência, justificar a propriedade só poderá ser feito de duas formas: como substituto de um reconhecimento da pessoa, estilo hegeliano; por sua finalidade econômica, estilo dos liberais. Mas nunca pela origem da posse, exceto no caso da obra, pois o trabalho prolonga nela o *ser* do autor. O ter só possui sentido pelo ser e, por conseguinte, o dom do ter pelo dom de ser, o presente, a oferenda, pelo ser-de-dom. A ontodorologia está longe de tomar emprestado da "economia do dom", é esta última que lhe toma emprestado o sentido que ela não possui por si só e que ela simboliza nas trocas.

Como transição, observemos que o adágio jurídico "dar e [56] reter não vale"[4] preserva o rigor do sentido ontológico original. O que é dom é dado a si mesmo, uma vez que ele não torna proprietário um sujeito já existente, mas é esse sujeito, o faz ex-sistir, constitui o ser-a-si. O interdito jurídico, sinal do tudo ou nada ontológico — ser ou não ser — reserva a equivalência entre o ser-de-dom e o ser livre. Para não — contraditoriamente — ser dado em parte, pela metade, aparentemente, ilusoriamente, o ser só é dom se ele é dado a si mesmo. Mas, em consequência, o si *mesmo* do ser-em-si do dom é substancialmente independente antes da assunção *ipseica*, que é recuperação do ser-a-si como ser para si. É preciso dizer que a passagem da *inseidade* do ser destinado a si mesmo para a *adseidade* é originalmente em potência de *ipseidade*. Ser em si, para ser si mesmo, a identidade substancial totalmente constituída de dom, dom ao dom, dom a si mesmo, tem como primeira destinação constitutiva, constitutiva de sua essência específica, a assunção ipseica. A substância espiritual é o ser *para ser sujeito*. E *essa adseidade é a verdade da asseidade humana*, do ser de espírito que não é por si mesmo — o *ex se* ou *per se* da asseidade divina — mas o *a se*, o si *a partir* do ser a si mesmo, que se assume reflexivamente, como sujeito para si mesmo. Desse modo, alguém, como um sujeito livre, consciente, que é senhor de si mesmo e que sabe disso, é o devir-sujeito da substância espiritual que, ela própria, longe de ser a entidade brumosa de alguma divagação "idealista", verifica a *identidade*, enunciada por Proclo[5], entre o espírito e o ser que há nele. Ser oculto a si mesmo, enquanto sua vocação última, constitutiva do ser pessoal, não for realizada.

Entretanto, em terceiro lugar, para nos esforçarmos em pensar o espírito humano em seu ser próprio, permanecemos decididamente em uma abstração metódica. Em uma concepção difícil do ser de espírito, *outro* da vida natural, por si insensível, aespacial, corremos o risco de cair em um dualismo fantástico. Todas as manifestações do espírito certamente afugentam a alteridade indiferente, a distância intransponível, entre a [57] substância espiritual, dada a si mesma, e a vida do corpo individual com

4. Todas as retomadas jurídicas e teológicas da *datio irredibilis* são comentários às proposições de ARISTÓTELES em *Tópicos* V, 7, em que o jurídico é convocado ao seu sentido ontológico.

5. Cf. *Eléments de théologie*, trad. de TROUILLARD, Aubier, 1965, teorema 174.

sua especificidade natural, na qual a substância espiritual está em potência, em segredo, com dificuldade de nela manifestar-se. E as potências do espírito, desejo, liberdade em ato, pensamento situado na linguagem, não operam efetivamente sem envolver a vida e as potências do corpo, cuja materialidade transfiguram em idealidade. Retomaremos com precisão o jogo dialético dessas potências, articulando a ontodorologia com a lógica da existência. É importante aqui guardar toda a verdade, completa, da situação original de nosso ser no mundo, pois o tempo da assunção, limitada pela indecisão da destinação pessoal, da *adseidade* espiritual do ser-de-dom, é identicamente o tempo em que este é *confiado* àquilo que não é ele. O ser dado a si mesmo é *confiado a...* Confiado à natureza que o guarda e, ao mesmo tempo, impede a Odisseia da substância ao sujeito que ela promete ser. Confiado ao querer parental, que procria em pleno mistério da radical novidade espiritual do filho. Confiado ao grupo, imediato e adventício, dos educadores, e depois deles à área geográfica e à época histórica. Mas em todas essas esferas, cuja contingência afeta de necessidade a existência, aquilo que permite também embaraça, na adversidade e na hostilidade. Ser na vida é ser no corpo, nele, mas também apesar dele, em limites e sofrimentos, ser encerrado na pele, ameaçado pela morte. Ser com os educadores é correr o risco da coação, da recusa. Ser na história, em um país, é ser situado, na herança de uma cultura, de costumes, no estado de uma política, de uma economia. É ser confrontado às violências. Ser confiado ao mundo é subsistir contra ele.

Podemos agora, afastados das representações do ter, avisados das restituições que, ulteriormente, serão necessárias à concreção do estatuto existencial, tentar avançar a análise ontodorológica, como compêndio continuado das manifestações do espírito humano.

O ser-de-dom é dado a si mesmo, para ser sujeito, substância espiritual livre, de si, para ser autor e ator de sua existência. Disso resulta uma reflexividade, negativa do ponto de vista da inovação positiva que é o dom, assuntiva segundo uma consecução ontológica que [58] liga, na idêntica constituição da substância, o ser dado — efusão nova — ao ser dado a si mesmo. Para dar a representação mais conforme ao pensamento discursivo, o ser-de-dom é o original movimento circular que, como pura identidade substancial, volta sobre si mesmo para ser *si* mesmo. *Irrecuperável* por sua origem doadora — senão ele não seria dado — *inalienável* no mundo, na natureza, no outro — senão ele não seria dado a si mesmo —, o ser de espírito é operação de retorno do mesmo ao mesmo, retorno que atualiza o *si* do si mesmo.

É preciso aqui — na contracorrente de um psicologismo das filosofias do sujeito que põe logo de saída, imediatamente, a consciência, a posse original de si, em uma transparência ipseica — restituir esse movimento substancial ao ser original. Antes, em todos os sentidos da anterioridade, da reflexão consciente, voluntária, em ato do saber de si, uma conversão substancial original é a íntima forma do ato de ser, em potência de operação subjetiva. O contragolpe do ser de espírito — *Gegenstoss des Geistes* —, do qual Hegel dizia com tanta propriedade que é *reflexão do ser*, significa adequadamente essa retroação assuntiva, *ato do fato do dom, do dom dado a si mesmo*. E esse ato ontodorológico — ἐνέργεια οὐσιώδης — é e continua sendo a condição de possibilidade, de realidade, e de necessidade de exigência final, da operação consciente, autonoética, de reflexão psicológica. Ato que é como a lei fundamental do ser de espírito.

É assim que toda reflexão consciente, sobrevindo do ser desperto, surpreende-se de ser, de já ser em si mesmo, um ser único dado a si. A menos que se importe de fora da experiência íntima um modelo de transparência e de autoconstituição — um modelo teomórfico que mais imagina do que pensa o Absoluto —, é impossível assimilar a reflexão psicológica a uma constituição ontológica de si. Descobrimo-nos por meio da reaquisição do ser já — originalmente — em conversão a si pelo ato-de-dom e no ato-de-dom que faz o ser e que faz ser. Não era por hábito escolástico, por substancialismo obstinado, que Descartes associava ao "Eu penso" o "Eu sou uma substância pensante": o pensamento só se pensa na confissão implícita do *ser-a-si do si* efetivo. E toda alteração ulterior [59] da apreensão de si, em que a consciência se apoia e se articula na conversão ontológica primeira, todas as formas do narcisismo, da autocomplacência, da nostalgia que procura refúgio em si, apenas desviarão essa verdade íntima rumo a uma suficiência insular inquieta com a decepção da vida. Mas o repouso nativo sobre si da infância vinculada à sua origem, como manifestação de sobreplenitude espiritual, no recolhimento pacífico que se exala em sorriso, atesta esse *depoimento* a si no qual germina a *disposição* de si. Desse modo, tanto no íntimo da consciência como na primeira manifestação de um novo ser, o ser-de-dom é, porque é tal, portanto, porque é dado a si mesmo, o *recolhimento ontológico*, a conversão substancial do ser a si mesmo, premissa da reflexão consciente. A *adseidade* da inseidade é o íntimo movimento, indiscernível do móbil, no qual pode advir, articular-se, enxertar-se a *ipseidade* da reflexão pessoal.

Mas, da premissa à consequência, do originário ao derivado, da adseidade à ipseidade, a passagem não é nem analítica nem direta, como um círculo traçado seguido por um segundo que a ele seria sobreposto. Pois o movimento circular — segundo a representação convencionada — não termina, *não se encerra*. A passagem ocorre por meio da provação inevitável do *encerramento impossível*. Pois o recolhimento, ou reflexão substancial, ou conversão ontodorológica, é retorno do ser à origem que o ser-de-dom, ele próprio, não é. Essa passagem é, precisamente, a provação da *mancha cega*, no fundo, no fundamento de si, que nativamente restitui o ser-dado ao mistério de sua origem. Mancha cega que marca, de modo indelével, a finitude do ser dado que não é seu próprio autor ontológico, justamente *porque é um dom*. Não há aqui qualquer alegação contingente e inverificável, mas sim um conceito do dom plenamente honrado, que — decididamente — dá muito a saber, a pensar. Toda provação de contingência, toda surpresa de existir, são uma confirmação desse estatuto de origem. E é como confissão de prometeísmo implícito que a mancha cega será detestada como o espinho na carne que é preciso extrair ou esquecer, e depois negada em toda asserção de autossuficiência e de autotransparência. Mas o que é ressentimento, desejo de parecer, para si e em manifestação literária, de um modo diferente do que se é, apenas encobre, com absurda pretensão, a alegria de ser, de ser em um dom de ser.

[60] Em recolhimento ontológico, em nativa conversão substancial, o ser-de-dom é sua própria assunção apenas na provação, pode-se dizer, de sua origem estrangeira. Essa é, incontestavelmente, a verdade inicial da *finitude* do espírito humano. Provação que, antes de ser pensada, é sofrida e institui uma passividade original no âmago da atualidade da existência de nosso ser. Mas, repitamos, a provação não é o trauma de um fracasso, a não ser para a presunção ulterior de ser como um deus em seu lar, de ser, na origem, por si mesmo. Ela não é a angustiante constatação existencial

de ser "jogado no mundo", de ser posto aí, depositado como uma criança abandonada. Pois a "posição", o *Setzen* dos idealistas alemães, é mera redução, neutralização, por notação em termos indeterminados, da *doação* ontológica. *O* Geben *é a verdade do* Setzen, o ser de espírito surge na paz feliz da dádiva de ser que ele é. Em consequência, a conversão contrativa substancial só é movimento em forma de assunção de si, no momento em que, na contracorrente, de si ao outro, do mesmo que si mesmo à origem outra, ele é efusão, em forma de abertura, de difusão, de redição de si[6]. Isso só se compreende de uma maneira: a provação da mancha cega, por trás do ser, na origem do ser, é a do *ser-em-dívida de si mesmo*.

Com efeito, é de uma idêntica maneira de ser que o espírito é dom a si mesmo e em dívida de todo o seu ser. Essa é a raiz ontológica da obrigação ética. Mas antes de ser paga aos outros, que se encontram no mundo social, a dívida de ser, o ser de dívida, consiste originalmente em restituir à sua origem. Em estado original, precisamente, antes de toda vontade expressa, antes do amor eletivo. Pois a mancha cega é mistério de origem, insciência do doador. Do mesmo modo que o amor por Deus se esforçaria pelo cumprimento voluntário do estado original de ser — em forma de troca — redição espiritual à origem desconhecida, sem rosto, escondida atrás do véu do absoluto desinteresse, assim também toda mediação do saber, toda revelação, todo re-conhecimento, ou identificação do Doador, pressupõe seu mistério em plena luz da verdade nativa. Por isso o repouso sobre si da infância, mais original que o despertar da consciência, se manifesta voltado para o fundo do qual [61] ele procede como ser dado, vinculado, de algum modo, à sua misteriosa origem doadora. No âmago do ser, em sua raiz patente, na qual o ser se recolhe, inicia-se assim a busca do Doador desconhecido para lhe restituir em troca. E toda a vocação de um ser de espírito é assim, do começo ao fim de nossa existência, a destinação pessoal, como redescoberta da origem, em um encontro último, em que a dívida de ser seria paga, em verdade, em plena luz do saber de si no saber do Outro.

Devemos preservar, ainda, o sentido dessa efusão espiritual na contra-afluência da assunção, do recolhimento espiritual. Novamente somos distraídos pelas representações do ter. E assim como traímos o dom por

---

6. Redição é termo raro, significando "restituição". (N. do R. T.)

meio da imagem da coisa prévia transferida de um proprietário para outro, o montante transferido de uma conta para outra, criamos um contrassenso, e um sem-sentido ontológico, ao imaginar a dívida de ser devendo ser paga como uma transferência em retorno, um desapossamento em troca. Flanqueando um tema que será decisivo na teologia, na busca metafísica do absoluto do espírito, precisamos compreender a efusão espiritual como o dom, em retorno, do que *não* se é para o Outro, para a Origem de nós mesmos. Não se trata, para pagar a dívida, de entregar tudo ou parte de si, o que equivaleria a depositar fora de si sua própria substância, a depositar a si mesmo, a dar algo do que se tem. Pagar a dívida que se é consiste em *dar o outro*, reconhecer a alteridade, dar o que não se é. Esta é a verdade da efusão, da difusão espiritual, constitutiva do ser-de-dom no recolhimento substancial.

Mas, precisamente, é impossível restituir o dom, e isso duplamente. Porque não se é doador de ser, potência de instaurar. Porque há uma primeira ignorância da identidade de nossa origem doadora, infinitamente distante em sua extrema proximidade. A troca, como dom mútuo, é, por conseguinte, ao mesmo tempo remetida ao último mas incerto retorno à origem *e*, inevitavelmente, reduzida — feliz enfermidade! —, prometida, ao amor glorificador, como saber absoluto do Doador de nosso ser. Adiamento e promessa que definem cada um, todo espírito finito, pela insaciável necessidade de seu Outro, pelo infinito desejo de [62] encontrar, de reconhecer, em toda intimidade espiritual, a Fonte de nosso ser. Reconhecimento que, reciprocamente, desvelaria para cada um a verdade plena do que ele é, tendo se tornado, tendo advindo a si mesmo. Para considerá-la naquilo que a parábola evangélica dá a pensar, filosoficamente, é no retorno do filho pródigo à casa do pai que o filho descobre a si mesmo, pois permanecia oculto a si mesmo nas tribulações da existência, distraído de sua origem, ignorante de sua destinação. Mas é capital preservar íntegro o estatuto ontológico desse recolhimento ontológico, constitutivo do ser de espírito substancial, implicação do ser dado a si mesmo, e que subsistirá como o fundo infrangível no qual a reflexão psicológica, a consciência de si, a ipseidade em diversos graus de ato deitarão raízes, impulso, modelo circular primeiro e exclusivo. Ora, esse recolhimento não tem acesso a nenhum saber da origem, a mancha é *cega*, a origem é e permanece o *in-*

sabido. A afirmação ou a negação ulterior de um Deus, de um Doador, no sentido ou no absurdo da pura contingência do dom, no acolhimento ou na rejeição de uma religião, de uma revelação, vão requerer mediações do pensamento e da história, ao longo da vida. E o ser-de-dom, inquieto com sua destinação, em busca de recuperar sua origem, para a plena assunção de si na realização da dívida que é o seu ser, só viverá na esperança ou na desesperança, a partir dessa insciência fundamental do órfão espiritual que ele é a cada vez.

De si mesmo para si mesmo, cego da origem, para trás de si, o ser de espírito somente pode se abrir, para retomar mais uma vez a mesma representação, ao que *está diante de si*. O recolhimento ontológico sobre si mesmo, inspiração espiritual em forma de adseidade, em assunção ipseica, só tem expansão efetiva, real abertura difusiva, no *despertar para o mundo*. Descoberta dos outros, da maravilha da presença, na interrogação ilimitada, descoberta da natureza em que a vida se aparenta obscuramente ao ritmo da existência espiritual. Mas a abertura para o mundo é acompanhada pela interioridade reflexiva, a consciência da consciência de si, envolvida, de certo modo, com o movimento de recolhimento substancial, no tempo em que o desejo, que transforma em espera infinita a busca da origem, é cruzado e contradito pela [63] independência do ser livre, que o inclina a fechar-se sobre si mesmo. A abertura ao mundo é acompanhada pela interioridade reflexiva, a expansão, pelo fechamento contrativo, que isola na nostalgia de si e numa impossível autossuficiência. No caminho da vida, no acolhimento ou na hostilidade, sempre em demanda de ser reconhecido, no tecido de alegrias e de sofrimentos, de miséria ou de efêmeros sucessos, o ser livre, potência do sim e do não, de dom e de recusa, é instalado, nativamente inserido, em uma *lógica do dom*.

Norma e princípio originário do ser de espírito, a lógica do dom expressa a *identidade* ontodorológica que é o pleno direito protegido da *diferença* radical do *outro*. De um ao outro, as passagens são atuais pelo dom continuado, do ativo ao passivo, do passivo ao ativo. O dom de ser, o ser-de-dom, é dom que exige dar. Não se trata de dar o que se tem, na impossibilidade de dar o que se é. Pois, repitamos, o dom é daquilo que ele não é. Mas, por não ser criador do outro, dom ao outro de tudo o que se pode, pela inesgotável energia espiritual que o ser espiritual reserva em si. Não há dúvida de que o espírito quer a intimidade de comunhão. Mas a mais viva proximidade dos corações é a íntima certeza da alteridade infinita, irredutível, do outro. Do outro inapreensível, livre em seu ser, inassimilável em sua particularidade substancial. Do outro idêntico a si, em sua singular ipseidade, em seu inalterável ser-a-si. Identidade subsistente na perfeita medida em que o ser que lhe é dado ser não pode, e esse é o sentido unívoco do dom, ser retomado, alterado, diminuído, mudado: o dom é como o ser, porque ele é o ser eminentemente, o ser de espírito, tudo ou nada, tudo e nada além de si *mesmo*.

Mas se as passagens, na lógica do dom, são sempre de dar para quem é-de-dom, as articulações são atos de liberdade, potência dos contrários, do dom e da recusa, potência da lógica continuada ou rompida. Sua exigência, lei do espírito, é a de transmitir a herança, de dar para quem recebeu, de guardar o direito da liberdade para quem a usufruiu, de acolher para quem foi acolhido, de reconhecer para quem é reconhecido. A ação positiva, de espírito para espírito, tem como sentido exclusivo o do dom, em suas particularidades multiformes, mesmo que o sentido jamais preencha o ato, para o ser que não pode dar o ser. Mas dar é [64] sempre recusa recusada, negação negada. A liberdade sempre permanece livre de si mesma, livre de sua própria lógica, sob o risco de esgotar-se no isolamento da recusa, sob o risco da negação do outro, por toda forma de indiferença e de violência.

Uma vez que ela é lógica do ser de espírito, a lógica do dom é a verdade da lógica do ser livre. Formalizada em seu avesso de identidade e de necessidade, ela se resolve em juízos analíticos quando o pensamento está atento apenas à gestão do sentido, quando se esquece do outro para erigir a identidade vazia em princípio universal. Mas, convertido à sua liberdade ontodorológica, ela é instauradora da identidade do outro, em favor de sua promoção espiritual.

2. Das categorias

Pensar o ser é colocar em ação os recursos da linguagem segundo os principais registros da atribuição. Só se pode falar a verdade se a linguagem é ordenada segundo o que é, em todas as suas maneiras de dizer. O fato de que essas maneiras principais, em suas determinações irredutíveis, formem um conjunto finito, somente significa uma enfermidade qualquer do pensamento articulado, quando se prejulga um pensamento não discursivo, um saber fora da linguagem, uma intuição intelectual que não fosse apreensão compreensiva do sentido[7]. Pode-se alegar a inefabilidade do ser, mas somente sob a condição de expor uma metafísica *negativa*, pela asserção principial (embora frequentemente implícita) de uma *indeterminação* ontológica, isto é, de uma *meontologia*[8]. Neste caso a linguagem será considerada equívoca em relação ao ser e destituída de qualquer poder de verdade[9]. Por outro lado, atribuir à linguagem o [65] pleno direito de dizer o ser, sua possibilidade de ser ontológica, sustentar o original parentesco entre o ser e o conceito, segundo a tese da anamnese — da qual a prova ontológica é uma expressão privilegiada —, é postular a condição da determinação inteligível, isto é, a determinação do conjunto dos gêneros de determinação. Categorias da linguagem, necessárias, articuladas e não passíveis de superposição, as categorias são ontológicas, categorias do ser discursivamente expresso.

Ao se esforçar em oferecer uma exposição reflexiva das categorias, Aristóteles nos legou magistralmente o conjunto estrutural da ontologia. Mas a herança permanecerá formal e *neutra*, enquanto não for apropriada, convertida ao sentido do ser como tal, o ὄν ᾗ ὄν, enquanto as categorias do ser não puderem se curvar à essência do ser e assim serem superdeterminadas em função do pleno sentido ontológico. Não que tal superdeterminação seja uma sobrecarga aleatória, por meio de significações particulares, mas porque ela é o necessário preenchimento para a adequação conceitual, como o programa ontológico plenamente realizado. Empreendimento duplamente limitado pela circunscrição da investigação,

7. Mas a intuição intelectual, como apreensão imediata do sentido conceitual, é algo próprio do discurso que, sem ela, ignoraria a si mesmo.

8. Termo recente, formado a partir do grego (*me on*), para designar qualquer ontologia negativa. (N. do R. T.)

9. A não equivalência do ser indeterminado e do nada — que, contudo, conclui por essa mesma destituição — é a tese da identidade entre o positivo e o indeterminado. Essa é, sem dúvida, a tese da metafísica clássica da Índia. Cf. *L'Absolu des Vedanta* de Olivier LACOMBE. Paris: Paul Geuthner, 1966.

da tarefa presente: o ser do espírito, e do espírito finito. Que as categorias do espírito humano, longe de delimitar um domínio ontológico separado, se mostrem transponíveis para o ser universalmente compreendido, capazes de abrir, como seu limiar obrigatório, para a inteligibilidade do ser de tudo o que é, falando de modo absoluto, essa seria a interrogação que nos situa no tema do absoluto do espírito. Neste momento, permaneçamos nessa restauração das categorias do ser de *nosso* espírito. O que está em jogo em uma ontologia do espírito é assim apreciável nas dimensões de nossa história do pensamento do ser.

Os escolásticos chamavam de *transcendentais* os nomes transcategoriais do ser em geral, conversíveis com ele, atribuíveis em todos os registros da atribuição. Como o Bem, o Verdadeiro e, para alguns, o Belo. A ontodorologia, desse ponto de vista, conhece *um único transcendental*: *o dom*. O ser de espírito é ser-de-dom, ser como dom: *esse spirituale et donum convertuntur*. A impossibilidade de [66] distinguir realmente aquilo de que o ser seria composto, a essência e a existência, era reconhecida como a implicação primeira do dom: *o que é* dado não é, nem antes nem de outro modo, independentemente do *ser dado*. Somente a imagem intrusa da coisa transfigurada faria com que o esquema de fabricação fosse indevidamente adotado: do possível ao real, do definido ao executado, a distinção é válida. Ela não é válida para o espírito, para o ser do dom.

Podemos agora operar a conversão das categorias para o ser ontodorológico de nosso espírito, retomando e articulando a sequência aristotélica.

I / Substância. — É a categoria fundamental, categoria das categorias que a pressupõem. Por que ela é decisiva? Porque ela decide sobre o ser que não é nem aparência nem redutível. Atribuir é atribuir a um sujeito proposicional para expressar a referência ao ser sem referência exterior. E que, por conseguinte, é καθ' αὑτό, por e em si mesmo. Em consequência, dizer substância é dizer ser. Assim como o ser, a substância não possui contrário, observava Aristóteles. É tudo ou nada. O que pode "receber contrários" não os tem. Ser ou não ser, ser substância ou não ser. Cada um pode devir, passar de um contrário ao outro, a substância de cada um não o pode, ela é a identidade ontológica que conduz esse devir nas aventuras da existência. Por isso a οὐσία é também ὑποκειμενόν, o substrato subsistente.

O ser de espírito, o que é cada pessoa é, precisamente, tudo ou nada, como ser dado. O dom não é nem em parte nem em grau, se ele é dom do ser, ser-de-dom. Por isso não se pode construir, moldar, derivar alguém em seu ser. Mas aqui é preciso determinar o que, do espírito, é desafio ao nada, o que é, propriamente, substancial, inalienável, a *asseidade* espiritual. A substância é "por si", καθ' αὑτο; o que isso significa para o ser de dom? Se é preciso traduzir por ser sua própria origem, precisar apenas de si mesmo para [67] existir[10], dever seu ser a si mesmo, ser *ex se*, então, o ser de espírito, porque é dom-dado, não é por si. Mas, como ele é *dado a si mesmo*, o ser de espírito é *ser-a-si*, o que significa que seu ser, *em si*, em sua imanência sem reservas, sem transbordamento nem suporte exterior, é potência de autoassunção. Em si, ele é a si, para ser si mesmo. É preciso, pois, *colocar em continuidade três momentos* da determinação substancial:

— a inseidade: o ser de espírito repousa sobre si mesmo, é imanente em si mesmo, dado sem reservas;
— a adseidade: o ser-em-si de espírito é para si mesmo, segundo a conversão assumptiva, exatamente porque o dom não é tal, ele é dado a si mesmo[11];
— a ipseidade: a assunção do ser, independente em si, recolhido em si mesmo, se efetiva na reflexão singular: o mesmo é a si, para ser si mesmo.

Desse modo, da autonomia ontológica, por dom de ser, até a independência refletida, da conversão substancial até a liberdade singular que se sabe, o ser em si se sobrepõe a si mesmo. A adseidade é potência de atos

10. Fórmula cartesiana que, como bem observava seu autor, só pode ser aplicada propriamente a Deus. Observação erigida em sistema por Spinoza. Somente o conceito de dom preserva da univocidade teológica a substância.

11. Texto de tradução difícil, cujo original reproduzimos: "l'être-en-soi d'esprit est *pour lui-même,* selon la conversion assomptive, exactement parce que le don n'est pas tel il n'est donné à lui-même". O autor parece referir-se à diferença entre inseidade e adseidade, ou seja: o dom supõe sua acolhida. (N. do R. T.)

pessoais livres, mas a autodeterminação livre pressupõe o ser que ela nem funda nem dá a si mesma.

Corolário 1: o ser-de-dom que eu sou *é*, é pelo ato de dom, no dom em ato que ele é em si e a si, *em potência* de ser, singularmente e reflexivamente, em ato de liberdade. Do ato de ser até a liberdade do ato livre, o ser em potência é a assumptividade adseica que se atualiza no despertar da consciência de si. Da ἐνέργεια οὐσιώδης à ἐντέλεχεια, o tempo flexível da assunção, com desapegos e retomadas, em variável atualidade do saber de si, é aquele do tornar-se *sujeito* da *substância*, tempo que institui a historicidade da história pessoal, em adversidade ao tempo que apaga, ao tempo das [68] coisas privadas de adseidade assumptiva, de reflexividade unitiva, privadas de espírito.

Corolário 2: a *identidade* substancial do ser de espírito não é formal, nem como essência inalterável da egoidade — eu = eu —, nem como determinação imutável de uma ideia. A identidade formal, compreendida como abstração do sujeito, da *res*, ou do sentido, é totalmente negativa, transcrevendo no signo da identidade a irredutibilidade dos contraditórios, eminentemente o ser e o nada, segundo a disjunção parmenidiana. Positivamente, a identidade supõe a reflexividade, o idêntico a si mesmo e a identidade ipseica a si. Precisamente, a verdade da identidade ontológica se diz do ser-de-dom espiritual, e isso duplamente. No sentido passivo do ser *dado* a si mesmo, o dom exclui o mais ou o menos, no fato infrangível do dom, assim como, indivisivelmente, no que é dado em partilha. Por isso cada um continua sendo o que é, ao longo da vida. Diminuído em seu ser, ele, a rigor, não teria sido dado. Aumentado em seu ser, o dom não seria mais o dom que ele é; ele não teria, tampouco, sido dado. Mas no sentido atual e ativo, o ser a si, ser em assunção de ser, ipseicamente, a si mesmo, é *identidade positiva*, identificando-se a si no tornar-se sujeito da substância espiritual. *A identidade é de e pelo espírito*, que tenta, em todo saber da natureza, aplicar às coisas sua própria norma constitutiva.

Corolário 3: a *subsistência* da substância espiritual não é a continuação na existência a despeito dos infortúnios do devir, em desafio à morte natural. Ela exprime, exatamente, para o dom, a exclusão de ser retomado, para o ser-de-dom, a afirmação absoluta e, portanto, definitiva de ser sem retorno, de ser para ser, sem reserva nem remissão. Mas a subsistência não é nem um tipo de seguro de vida e de sobrevivência, nem o princípio de uma autossuficiência. Em qualquer uma dessas representações, tomadas do conforto de um ter inesgotável, ou do desafio prometeico, o rigor do dom, em seu conceito ontológico, não é nem honrado nem sequer reconhecido. Em outras palavras, se o ser-de-dom, ser a si dado e reconhecido como tal, [69] profere a palavra de Spinoza, convertida em sua expressão espiritual[12], *experimur nos aeternos esse*, ele o faz na provação da dívida de ser, do ser em dívida, em que se inaugura a lógica do dom. Está em uma situação de segurança de ser, de autossuficiência, todo aquele que acredita — e este é o delírio teomórfico — dever apenas a si mesmo. Por isso a proposição ontológica da subsistência da substância não é uma máxima de sabedoria. Ela tampouco é uma constatação existencial de nosso caráter imperecível. Ela não livra nem da angústia diante da morte nem do sofrimento sem apoio, quando da morte de outrem. Mas ela permanece como o eixo indivisível em torno do qual se pode construir uma esperança. Não dever nada de seu ser a si mesmo, carregar a dívida por seu ser, é a certeza da fragilidade nativa do ser que é pela graça do dom. Não que seja preciso retomar a tese cartesiana de uma equivalência entre conservação e criação continuada. O dom não é dom se não for dado *de uma vez por todas*. Mas o espírito de cada um é o *não direito absoluto* de ser e de ser o que ele é.

II / Quantidade. — Se as determinações quantitativas são decisivas na ontologia, é porque sua atribuição é expressiva da *unidade e da unicidade substancial*. A estrutura lógica do ser não pode, pois, ser transcrita discursivamente fora das relações entre singularidade, particularidade, universalidade, que as proposições predicativas traduzem formalmente. A retomada sistemática dessas relações por Hegel, segundo a triplicidade da mediação silogística, permitia-lhe constituir uma ontologia do espírito absoluto.

---

12. Conversão conceitual em dois momentos conjuntos: 1 / Refazimento do sentido segundo a lógica especulativa do Espírito eterno (cf. *supra*, p. 139 s.); 2 / Purificação da irredutível diferença entre eterno e imortal, sendo que este último termo é isento de todo dualismo em proveito do *dom "irrestituível"*.

Independentemente das interrogações suscitadas por sua interpretação última — teológica na nossa opinião —, a atribuição da singularidade ao espírito (distinguida da universalidade lógica e da particularidade natural) tornava proibitiva uma adequada ontologia do espírito humano: pura [70] singularidade, o *freier Geist* do ser finito humano revela-se vazio, assubstancial. As consequências disso são enormes: o espírito finito possui ser somente no sistema social.

Se, pelo contrário, o ser de espírito do homem é substância para ser sujeito, se a ipseidade espiritual do ser-de-dom supõe o ser em si, cuja adseidade é potência do si mesmo, é porque precisamos articular particularidade *e* singularidade para exprimi-lo ontologicamente.

A particularidade espiritual não é uma parte — ou modo spinozista —, pois ela é o ser dado a si mesmo para a singularidade assuntiva, para o si singular livre. Mas a singularidade pessoal não é o Uno absoluto, pois ela é dom particular de ser, dado a si mesmo.

Portanto, a singularidade não é universal como o Único divino, verdadeiro para todos em sua absolutidade. Mas ela não é a abstração de uma liberdade privada de ser substancial. A condição de possibilidade de múltiplos unos, paradoxo de uma henologia unívoca, é assim a substância particular *dada* à sua liberdade singular, prometida a si, para si mesma.

Aqui parecem ter sido redobradas as aporias aristotélicas referentes ao conjunto da substância individual. A verdade de uma substância é sua forma, sua essência constitutiva. A οὐσῖα é οὐσῖα εἰδικῆ. Mas a universalidade do εἶδος, da forma inteligível, traduzida na generalidade indelével das palavras, contradiz a individualidade inefável do indivíduo. Entretanto, o ser humano, indivíduo que vive por seu corpo[13], é espiritualmente *singular*, sem ser universal: exclusão rigorosa do sentido, da essência. Contudo, se ele é substância para ser sujeito, particular para ser singular, o ser-de-dom poderia, a cada vez que ele é, como *alguém*, ser concebido em sua forma substancial própria, mesmo que o εἶδος não seja uma essência predefinida, separável da existência em ato. Mas a ontodorologia prescreve a identidade entre a essência e o fim, entre a determinação e a destinação. A essência da

---

13. O que levava a concluir pelo não-sentido do corpo, associando sua necessidade ao espírito humano. Cf. *Philosophie du corps*, p. 167 ss.

substância espiritual é, adequadamente, "aquilo que estou [71] destinado a ser", τὸ τί ἦν εἶναι. Por isso a quididade da heceidade pessoal permanece fechada para a análise. Ela permanece em segredo, encerrada na vocação pessoal. Segredo que só seria desvelado na luz do saber absoluto de si, no retorno à Origem do dom que sou.

Nem alguém sem ser algo, nem algo como uma coisa, o ser-de-dom, ser em si de liberdade, em liberdade, é ser-a-si para ser, singularmente, si mesmo.

III / Qualidade. — Converter a afirmação e a negação para a ontologia do espírito é conceber a negatividade e a positividade segundo a verdade do ser de dom. Já desde a análise das significações essenciais do conceito de espírito, aderentes ao ritmo da vida, na animação pneumatológica, a contracorrente da inspiração e da expiração, da contração e da expansão, da conversão e da manifestação, da reflexão e da expressão, da in-dependência e da ação, se enunciava no contraponto dos contrários qualitativos.

Se, com efeito, a reflexividade — recolhimento adseico ou saber ipseico — é negatividade, é porque ela é *exclusiva*, instância de interioridade que isola, retrai, no movimento centrípeto de assunção de si. Essa é a norma espiritual de liberdade, que o dom dá a si mesmo. Mas o espírito é efusivo de si, difusivo de si mesmo, no tempo em que ele é seu próprio recolhimento reflexivo. Que a efusão, em sua positividade, se inscreva, porém, em uma lógica do dom, que dá o outro, ao outro para o outro, que dá o que ele não é, eis algo que esclarece uma outra maneira da negatividade, no âmago do dom, a da *abnegação* espiritual. Mas nesse refazimento categorial[14] a inclusão mútua do negativo e do positivo, segundo as duas instâncias do ritmo da animação, proíbe toda concepção unilateral do ser de espírito.

Unilateral, por petição de uma teologia parcial do Espírito — teremos de explicá-la melhor —, é a famosa asserção de Hegel: "O espírito é o negativo". Sem dúvida, só o espírito é ato de recolhimento de si mesmo, conversão reflexiva, interioridade que desafia, em sua plena [72] consistência,

14. As expressões "refazimento categorial", "refazimento conceitual", embora inusitadas tanto em francês quanto em português, traduzem o esforço constante do autor para *renovar, reconstituir* e *fortalecer* conceitos desgastados por usos inconsistentes, ou enterrados no esquecimento pela coerção das coisas. (N. do R. T.)

o desdobramento da matéria difratada indefinidamente fora de si mesma, *partes extra partes*. Só o espírito é, portanto, *negação* da exterioridade na qual ele se desfaz ao se inscrever na aparência rompida, pulverizada em pó infinitesimal. A unicidade obtém sua confirmação somente pela unificação íntima, que conjura a divisão externa da superfície fenomênica. Mas a interioridade reflexiva só é precisamente negação, e não privação, ao ser captação da energia espiritual para a efusão, a difusão, o dom. Ligando seu ser de espírito ao centro de si mesmo, em íntima tensão que singulariza, o dom se retoma a si mesmo para dar-se, em abertura infinita, que universaliza, em generosidade ilimitada. De tal modo que o negativo intensivo está presente na extensão positiva, que é a razão e a exigência do retorno sobre si, inspirador, cadinho da energia do desejo.

O espírito não tem, pois, sua caracterização exclusiva na retirada, na retração, no autoapagamento abnegativo na discrição interior. Ele é potência, eficiência, sucesso do dom, promoção do outro, galgando distâncias, rompendo os muros de indiferença, conjurando com sua força doadora as coerções materiais, as identidades uniformes, desafiando as escleroses, inovando vitoriosamente. Naturalmente, a lei de reciprocidade do negativo e do positivo que os implica mutuamente não é o equilíbrio que exprimiria — Schelling disse isso de modo incomparável — a perfeição divina. O espírito humano dá infinitamente menos do que é dado a si mesmo, em seu ser, e se dá mais a si do que se doa ao outro. Por isso sua existência é obrigação ética inesgotável, mais imperiosa à medida da própria santidade. Mas a fragilidade do dom espiritual, para o ser em penúria de seu fim, em busca de sua destinação, traduz a superabundância efusiva. Incansável, infatigável, resistente, inesgotável, o ser-de-dom, em sua identidade substancial, é superplenitude espiritual de si em desafio à sua pobreza, à sua avareza íntima, assim como às suas servidões. Nesse sentido, o espírito finito contém sua própria infinitude.

IV / Relação. — Quem é um dom é inassimilável, irrecuperável. Inovação ontológica, ser em liberdade, ele é sempre um *outro*. [73] A alteridade é lei fundamental do espírito, constitutiva da identidade de si.

Por isso um ser de espírito é como um mundo por si só, um império de fronteiras fechadas. Em consequência, a adseidade substancial, função e potência de ipseidade singular, se representa pela insularidade interditada, em impossível comunicação. Mas a representação é cúmplice de uma teomorfia, que garante a assimilação da substância à suficiência, que identifica a alteridade com o absoluto totalmente-outro, condenado à autarquia fechada, privada de intercâmbio, por um invencível destino. E a representação expressa identicamente a unicidade de uma liberdade negativa, toda de exclusão, como a unidade monadológica que, segundo Leibniz, transcreveria em cada substância individual o conjunto sistemático das perfeições divinas, conjunto do qual ela seria sempre uma perspectiva singular. Absoluto como sujeito, absoluto como sistema, o espírito humano somente traduz um ou outro, na negação e no esquecimento de seu ser-de-dom.

A ontodorologia, pelo contrário, conhece a continuidade lógica e existencial da adseidade substancial em relação à abertura de si para o outro. O recolhimento assumptivo do ser-a-si por si mesmo, na provação do mistério da origem que interdita, como mancha cega indelével, a autotransparência do ser *ex se*, autoconstituído, é retorno, para a frente, rumo ao mundo inteiramente aberto, diante dos outros espíritos. Despertar da consciência que relaciona, que reúne, para o comércio espiritual, o desejo de dom retribuído, em troca, segundo a exigência do ser em dívida de si mesmo. É nessa continuidade relacional que a liberdade refletida, ipseica, será decisão subsequente, em todos os seus atos, de dom ou de recusa, de relação ou de exclusão. De tal modo que não é a relação que é um problema para o ser-de-dom, sempre outro de todo outro, mas é o assombroso poder que ele guarda de confirmar ou de quebrar a lógica do dom que o funda e que o atravessa originariamente.

Reconstituir o conteúdo das categorias ontológicas, segundo o ser espiritual, exige assim a conversão da *causalidade* ontológica ao dom de ser, que é, indistintamente, dom do ser. Prometido à adoção de si mesmo por si mesmo, a estar presente a si na conversão da substância em sujeito, o dom é um efeito para ser sua própria causa, [74] ou seja, sua passividade originária é potência de atividade livre. Isso equivale a dizer que o dom é verdade espiritual da causalidade, da qual ele é unidade principial de seus diferentes sentidos. Causalidade formal da vocação constitutiva, pela finalidade que é a destinação pessoal, inseparável da eficiência soberana que faz ex-sistir o ser de espírito, o dom traduz eminentemente todo enunciado etiológico distinguido em e por nossa análise objetiva dos seres naturais ou artificiais. Ele os traduz na unidade espiritual de si mesmo.

Se o ser-de-dom não é *necessário*, nem como inevitável resultado de um estado de coisas, nem como elemento de uma consecução lógica, ele tampouco é *real* como um fenômeno empírico, "dado" da experiência, ou como um acontecimento contingente para o historiador. Isso porque ele não é um *possível* definido em um conjunto virtual que lhe prescreve sua coerência interna. E ele é livre da vida natural e não pode ser transcrito na lógica formal.

A modalidade do ser, no entanto, é indispensável para a ontologia. Ela certamente não afeta, e Kant observava isso, o conteúdo de um juízo e parece ter sido acrescentada a ele reflexivamente. Mas isso porque pensar não é julgar, é elaborar discursivamente uma linguagem conceitual, cujas proposições são apenas momentos separados. Por isso é importante estabelecer, na ontodorologia, a modalidade ontológica. E a única "necessidade" imanente ao espírito revela-se na lógica do dom, que é a verdade dessa necessidade. Verdade em que se unem a *exigência* e a *liberdade*, tendo como consequência que a novação do dar, para o ser-de-dom, é vínculo idêntico, do outro ao outro. Vínculo que, portanto, não é analítico, como uma dedução do implicado, nem sintético, como por contiguidade fenomênica, nem sintético *a priori,* como dizia Kant referindo-se às proposições aritméticas. Vínculo que, faz-se necessário dizer, é *analítico a posteriori*, pois ele é dom continuado, segundo a exigência interna do mesmo, e liberdade de seu ato, segundo o imprevisível do espírito livre capaz de recusa.

Assim a necessidade se revela como avesso formal do que é preciso denominar adequadamente de *graciosidade* do dom, imperiosa e livre de si mesma.

3. Liberdade do espírito e lógica da existência

[75] O espírito somente tem acesso à sua liberdade, na assunção de seu ser, ao saber-se livre da vida natural, outro em relação ao corpo próprio, que

ele não é. Pronunciar o "Eu sou" é afirmar "Eu não sou meu corpo". Mas a liberdade do espírito não é a abstração nem a debilidade do estrangeiro, incapaz de ser *em* vida a não ser como prisioneiro. A liberdade é poder de transfigurar a vida, residindo nela, de comprometê-la, de sujeitá-la e de metamorfoseá-la ao manifestar-se nela, ao agir na vida, captando sua energia, correndo o risco de suportá-la, de padecê-la e sofrer, no momento em que o espírito nela se exalta, nos momentos do prazer e da alegria.

É da natureza e em seu véu carnal que o espírito desperta para si e para o mundo. Pelo corpo individual de uma espécie banal e frágil, a natureza é assim prometida ao seu outro que a glorifica, dando sentido ao seu espaço, ao seu movimento, à sua própria matéria. Assim, a implicação do dom, dado a si mesmo, só é a liberdade de seu ser, mediante a assunção ipseica, que só se opera no tempo da vida à qual ele é confiado. Tempo que dura para a existência em que subsiste identicamente, nos limites da vida terrestre, a substância espiritual, cuja liberdade constitui a história de cada um. Mas por seus atos e suas obras, por suas escolhas fundamentais e suas decisões circunstanciais, a liberdade continua sendo o paradoxo da iniciativa, do *começo* sempre inaugural e, portanto, em descontinuidade, em ruptura.

Esse paradoxo, que um pensamento antinômico erige precipitadamente em contradição, não é antes avivado e enrijecido, em vez de resolvido aparentemente, pela ontologia do dom? Esta não expressa a continuidade entre a adseidade substancial e a ipseidade do sujeito, entre o recolhimento do ser-a-si e a assunção, para si, à singularidade do espírito livre? Todo ato que seria seu próprio começo não passa a ser, a partir de então, inteligível, recusando a passividade originária e a anterioridade ontológica do dom? Sempre a montante de si, o começo não poderia ser iniciativa do sujeito, ser ato por si. Cada um seria [76] condenado à sua própria herança. Não sendo livre de ser, o ser livre não possuiria a liberdade de um começo efetivo.

No entanto, justamente ao contrário, é precisamente o ser-de-dom que é poder de iniciativa, pelo senso unívoco do dom que ele é. Porque é dado a si mesmo, o espírito é livre de si mesmo. Não que ele possa aniquilar o que ele é, mas porque o mesmo, o si mesmo, só é disposição de si, sendo livre *de ser livre por si mesmo*. A asseidade pela adseidade é, absolutamente, essa lei unitária do espírito, aplicável a ele mesmo e somente a ele mesmo, quaisquer que sejam as condições de existência infinitamente relativas e variáveis. Lei de reflexão espiritual, de recomeço do ser, livre para a liberdade de seus atos. A identidade substancial é livre de tudo, outra em relação a todo outro, identificando-se consigo mesma, e somente assim. Toda coisa é localizada, reconhecida, identificada pela outra que a sabe, a conhece. Somente o espírito identifica a si mesmo por si mesmo. Reflexão sobre si, pela qual o mesmo é seu outro. O que significa, exatamente, ser em *disponibilidade* de si mesmo. Ou então, da atualidade do ser-de-dom aos seus atos de espírito, do ato substancial do ser-a-si ao ato imprevisível de iniciativa pessoal, do ato ao ato, a potência atual está disponível para o ato novo, como começo de si mesmo. Não há outra expressão da capacidade de iniciativa, senão a do ser em ato dispondo de sua potência disponível.

O recomeço, rebrotar da liberdade espiritual é, portanto, possível graças ao afastamento entre a particularidade substancial e a singularidade pessoal. Afastamento criado pelo ser em potência que se dá de um ao outro, de um para o outro. Se o espírito fosse pura singularidade de seu ato, ele seria absoluto começo divino. Se o ser de cada espírito fosse apenas particularidade, pedaço de ser-aí, não dado a si mesmo, ele seria incapaz de iniciativa, de atos livres. Mas o espírito do homem é um para o outro, substância para ser autor, sujeito. O que significa, ainda, que ele é um ser-de-dom. Isso se explicita triplamente: ser *em ato,* a si, ele dispõe de si mesmo em seu ato de reflexão ipseica; ser de reflexão em *ato*, ele é iniciativa de *atos* livres; o ato livre é ato da potência disponível para o ser ipseico, o si mesmo. Não há nenhuma outra dificuldade para a [77] concepção filosófica, senão as alterações de sentido, sempre ressurgentes: representações do dom em termos de ter, obstinação em prever o imprevisível, em deduzir a invenção, em colocar a fatalidade no lugar da liberdade, revogação do ser em potência por preconceito teomórfico ou, o que é o mesmo, por equivalência entre a forma e a matéria, entre o ser e o fenômeno, entre o espírito e sua manifestação.

Há três implicações, no entanto, no fato de o ser de espírito estar disponível para seus atos.

Em primeiro lugar, ele é *duplamente* potência dos contrários. Não apenas toda decisão, iniciativa, escolha, todo ato de liberdade é alternativa excluída, possível eliminado, revogado, sacrificado. Mas a liberdade do ato é a de atualizar ou não, de começar ou não, de operar ou não. Isso significa que ela é livre para se empregar e, portanto, para assumir-se ou para abdicar de si mesma. Isto é verdade em relação ao espírito livre e somente em relação a ele. Toda outra coisa, todo elemento da natureza, vida ou matéria, é desfeito por outra coisa que o altera, o agride, o suprime. Para utilizar uma imagem, a liberdade do espírito carrega a si mesma sobre seus próprios ombros, responde por si mesma, tanto por suas manifestações como por suas abdicações. Por isso a coação externa nada pode fazer. O escravo pode permanecer livre em seus grilhões, desde que ele disponha reflexivamente de si mesmo: esse é o desafio a toda tirania. Por outro lado, qualquer que seja o campo de ação de que se disponha, que se tenha acesso ao céu, às dimensões do universo, a poderes ilimitados de um império sem partilha, a servidão por abdicação é insuperável, incoercível. Não se pode forçar a ser livre.

Em segundo lugar, a assunção reflexiva significa que o espírito sabe a si mesmo para saber-se livre de seus atos. Esse é o ponto em que o recolhimento, a reflexão do ser, é reflexão noética do espírito. Ser si mesmo é saber-se, e a luz do νοῦς é aquilo em que e por que o ser espiritual não escapa de si mesmo. De tal modo que o dom dado a si mesmo une-se ao retorno conversivo e assumptivo do ser ao ser, do mesmo ao mesmo, pelo saber refletido de si. Mas a partir de então o espírito singular se assume ao ser investido da dimensão universal do logos. Universal pelo sentido que se impõe, que ninguém inventa, e que [78] advém na anamnese conceitual, na mais humilde das palavras que as coisas ou as demandas naturais não podem traduzir, que elas podem apenas tentar sujeitar. E o universal necessário possui essa potência em ação, oferecida ao nosso espírito, de transfigurar a natureza para aparecer na linguagem. Mas o pensamento só chega até a liberdade se esta última o adota e se faz a autora singular do mesmo pensamento. Então, cada um pode tentar sujeitar o universal à sua própria medida, em sua reflexão fechada, em que o juízo em primeira pessoa ameaça arbitrariamente a necessidade. Livre pelo ser que lhe é dado, a liberdade pode renunciar a si mesma. Livre pelo saber que lhe é oferecido, a liberdade pode esmagar o sentido do saber, correndo o risco de esquecer-se de si mesma.

Por fim, dispor de seu ser para dele fazer jorrar o ato é ser em dinamismo espiritual continuado, no tempo do desejo, para e pela efusão espiritual.

É no cadinho de si mesmo, na exigência de dar de si mesmo, que é a norma constitutiva do espírito em dívida de seu ser, que a energia do desejo se mobiliza, captando a vida para animar o sopro espiritual. Avidez de dar e, inseparavelmente, espera do Outro. Exigência de efusão e busca infinita e incansável do retorno à Origem. Riqueza superabundante e penúria da sede que nada no mundo pode estancar. Assim começa e segue a vida do espírito humano, nas aventuras da existência. Animação da inteligência e do querer, o desejo — que relega todas as exigências do corpo, as torna insignificantes, passadas e ultrapassadas, que está insatisfeito com tudo e não para em nenhum prazer, que recolhe todo sucesso, toda positividade, toda alegria, para exigir insaciavelmente mais — é a inesgotável energia do ato livre. Mas para a liberdade que lhe dá forma ele é *neutro*, oferecendo a indeterminação de seu dinamismo, a ilimitação de sua exigência. Neutralidade na qual se equilibram fragilmente a vontade de dar e a espera infinita de receber, de descobrir a terra prometida. Matéria, meio, motor e fortuna da liberdade, o desejo está assim à sua mercê. Por isso ele pode ser desviado, imobilizado, medido, comprimido, assumindo as figuras miseráveis do desejo de si, da ambição sempre insignificante. A menos, em sentido inverso, que a liberdade ceda à sua vertigem, ao seu delírio, no frenesi da potência e da violência.

[79] O ser espiritual está, pois, prometido à existência livre, entre os limites terrestres do nascimento e da morte, afetada pelas vicissitudes do corpo no curso do mundo. A relação entre o ser e a existência possui, por conseguinte, um duplo sentido: *se a existência livre é a finalidade imanente do ser-de-dom, sua verdade efetiva, a substância do ser é que está em jogo numa existência incerta, sem apoio exterior.* Examinemos essas duas instâncias da ontologia.

O ser substancial de cada pessoa é *para* a assunção pessoal. O ser dado é a si mesmo para a singularidade ipseica de seus atos próprios. Assim o espírito deve responsabilizar-se por si mesmo, encarregar-se de si mesmo. Essa é a verdade atualizada do dom dado a si mesmo: seu ser possui como função existir por si mesmo, à luz da consciência. Não que a existência seja recomeço metamórfico, autorreconstrução do ser: o ser é *dado* para existir, o dado para toda a existência, herdado em sua forma ontológica idêntica, indeformável. O ser de espírito repousa em si desde seu começo, incorruptivel em sua particularidade substancial indelével. *O que* eu sou, sem partilha, subsiste a despeito de escolhas felizes ou infelizes, venturas ou desventuras, sortes ou azares da vida, e o dom é o irremediável absoluto. Mas a existência é o ser que se responsabiliza por si mesmo porque ele é dado *a si mesmo*, dado a si para a autonomia ipseica. O ser em ato se atualiza, dispondo de si, de tal modo que o ato de ser se informa da singularidade à qual ele é votado e que nele se encontra originalmente pré-formada. Desse modo, é preciso afirmar sobre a existência pessoal que ela é *verdade* do ser-de-dom, no exato sentido em que este último cumpre nela sua promessa constitutiva. Mas essa assunção advinda, em uma atualidade variável, não é a verdade *última* de nosso ser, nem a realização de nossa destinação. A consciência de si, no poder da liberdade, não é autorrevelação nem desvelamento, no fim da existência, do segredo guardado e indecifrável da essência do ser, e que nos mantém ocultos a nós mesmos.

Inversamente, a existência não é acidental para o ser, como um percurso aleatório, não essencial, inconsequente, aparente. Da existência, o ser não está isento e sua indeformável substância não é inalterável. *O espírito é autovulnerável*, o que não significa [80] que ele não possa ser curado de suas chagas, mas sim que deve haver regeneração, remissão, conversão e perdão. Por isso é preciso dizer que o ser está em jogo na existência, mantendo *a identidade do jogador, do jogo e da aposta*, através das diferenças de ato, de ser em potência, de disponibilidade de si e de atualizações do livre poder de e sobre si mesmo. Diferenças que são os *momentos* do *tempo* do acesso a si mesmo para as iniciativas da *história* pessoal que é a existência. A existência espiritual é o ser em jogo, à mercê de si mesmo, na provação de si mesmo, no risco de seu sopro, de seu ritmo equilibrado, de sua alegria frágil, de sua força incerta.

A existência humana é a presa de sua própria liberdade, quando suas potências se devoram, se arruínam mutuamente. O espírito livre é a mais próxima ameaça de seus poderes, do pensamento e da animação do desejo. O ritmo espiritual, conversão-expansão, reflexão-expressão, recolhimento de si e efusão, não possui nenhum automatismo garantido. Ele possui uma inclinação à *arritmia*[15], de perda de fôlego multiforme, que tornam

15. Ou à "destemperatura", na terminologia de Schelling.

a existência frágil pela guerra intestina à qual se entregam — de certo modo — as potências do ser, quando elas deixam de se conciliar mutuamente para estarem, alternadamente, ao sabor da arbitrariedade instalada na vida, em enfrentamento dialético. Dialética da qual somos a presa, para constituir e instituir sua fatal necessidade. Já havíamos descrito seus tipos essenciais, suas figuras gerais[16], que se compreendem agora como um duplo desequilíbrio arrítmico da vida do espírito. Ora a existência é o ser afetado pela atrofia, quando a dimensão do universal é reduzida, revogada, rejeitada, em proveito da abstrata singularidade do ser que se fecha, que se recusa, abdica de suas tarefas e papéis, se encerra na indiferença, joga consigo mesmo, dissimulado sob as aparências que usam de astúcia contra outrem, afundado na nostalgia de seu passado íntimo. Ora, inversamente, a existência é afetada pela hipertrofia, quando ela se exalta, se embevece com paixões totalitárias, com o desprezo da autonomia, [81] da reflexão pessoal, da interioridade espiritual, na ansiosa paixão pelas metamorfoses do mundo que está por vir.

Existência demasiado pequena, fechada, retraída, mesquinha, asfixiada segundo as três figuras da liberdade abstrata, do humanismo insular, do estetismo ansioso por seduzir[17]. Existência excessivamente aberta, que cede à desmedida, se executa na violência, segundo as três figuras da vontade de potência, da sede de sistema, dos delírios de falsos profetas em busca de magia verbal[18]. Figuras invertidas do espírito alterado, que esgota seu sopro, que cede sua força efusiva ou perde seu poder contrativo, desertando sempre do presente da existência, renunciando ao dom, ao intercâmbio, incapaz tanto de obrigação ética como de razão política.

Permanece, contudo, o fato de que o espírito livre continua livre para regenerar sua existência, pacificando o jogo de suas potências, esforçando-se para conciliar a triplicidade destas últimas, segundo a norma constitutiva que é a lógica existencial. O ritmo espiritual recobra assim o equilíbrio de uma existência que conjura a dialética ruinosa, que supera as contradições de suas forças para conjugá-las, dando sentido ao seu dinamismo. Equilí-

16. Cf. *L'affirmation de Dieu, essai sur la logique de l'existence*, Paris, Ed. du Seuil, 1964. Remetemos às análises dessas dialéticas, p. 15-95.

17. Cf. op. cit., p. 34-48, 49-61, 81-94.

18. Cf. ibid., p. 22-23, 62-70, 71-80.

brio frágil, sempre imperfeito, mas jamais mortalmente rompido, sempre ameaçado por seu contrário, mas jamais impossível de restaurar, de ser buscado na incansável vontade livre de si mesma[19]. Equilíbrio pelo apaziguamento mútuo das potências, segundo a forma de uma tripla mediação que guarda a verdade eficiente de cada uma delas.

Mediação do pensamento que reside em nossa linguagem. Graças ao pensamento, a liberdade pessoal possui sua reflexão, sua independência, sua interioridade espiritual. Ela é assim desafio absoluto ao mundo, às suas necessidades, às suas solicitações, às suas alienações, às suas circunstâncias. Pelo pensamento, a liberdade se engaja lucidamente, elabora seu projeto de ação, instala a razão exercida no não senso do curso do mundo[20].

[82] Mediação do desejo, de sua energia espiritual. Pelo desejo, nosso pensamento se anima em busca da verdade, fazendo estalar todo sistema fechado de ideias imóveis. Pelo desejo, a liberdade se abre para o seu outro, rompe seu muro de isolamento, encontra a energia da ação, a eficácia de seu querer[21].

Mediação da liberdade que se desmascara, se autentica no manifesto de si mesma. Pela liberdade, o desejo é animação espiritual, energia serva da autonomia pessoal, efusão do espírito na relação em ato. Pela liberdade, o pensamento encontra seu ator, seu juízo, o sujeito intuitivo de sua inteligibilidade[22].

Somente assim a existência deixa de se afundar na íntima memória narcísica e de fugir do presente para embriagar-se com o futuro. Somente assim a história de cada um, aliviada do peso do passadismo e liberta das mitologias e utopias que idolatram a História anônima, torna a ser a trama efetiva de nossas vidas[23].

Entretanto, nem a forma de uma sabedoria, nem o dinamismo do pensamento, nem a autenticidade do espírito livre podem suprimir a original infelicidade da consciência, a inquietude do espírito embaraçado

---

19. Cf. ibid, *Logique de l'existence*, 2ª parte.
20. Cf. ibid., Silogismo da liberdade, p. 113-133.
21. Cf. op. cit., Silogismo da linguagem, p. 134-153.
22. Cf. ibid., Silogismo do desejo, p. 154-170.
23. Cf. ibid., A temporalidade e o tempo, a historicidade e a história (dois primeiros silogismos).

quanto à sua Origem, em busca de sua destinação. Segundo uma análise rigorosa, em confissão de nossas recusas e demissões, nós não sofremos nenhuma alteração de nosso ser a não ser pelo secreto desejo de ser Deus, de nos identificar com o divino, segundo o conjunto das formas autoidolátricas: o Estrangeiro imóvel, a Onipotência, o Sistema, o Eros fascinante, a História que é astuciosa e que julga. O Uno único, o Absoluto realizado, o Saber absoluto, esses são os emblemas dissimulados do espírito que sabe o preço indepreciável de seu ser, mas que se recusa a ser um dom e se recusa ao dom.

Por conseguinte, uma lógica da existência é indiscernível do desejo restaurado de seu Outro. O ser espiritual, em cada pessoa, é o divino que não é Deus. Ao querer se identificar com o Absoluto, o ser espiritual se esquece de seu [83] caminho e afunda na desesperança, assim que cessa de perseguir sua sombra. A filosofia vale mais que uma hora de sofrimento se, e somente se, ela volta a ser o auxiliar insubstituível da descoberta do Absoluto do espírito, que é a demanda indefectível do dom que somos.

Parte 2
O absoluto do espírito

1. O absoluto e o espírito

1. A mediação especulativa

O espírito deve seu ser somente ao espírito. Essa é a implicação de seu *conceito puro*, a afirmação conclusiva de sua necessidade. Essa afirmação está, por conseguinte, no princípio do *pensamento especulativo* que exige a elaboração de uma metafísica. Com efeito, irrelativo àquilo que não é ele, o espírito deve ser pensado como o incondicional, o princípio sem princípio de si mesmo, o *absoluto* do espírito.

Para guardar seu sentido unívoco e apodíctico, essas proposições serão desenvolvidas em sequência, a partir da determinação exclusiva de seus termos essenciais. Tripla exclusão que decide o primeiro passo do caminho que apresentamos a seguir.

a / Em seu *conceito puro*, o espírito não possui referência antropológica. Na abstração de sua universalidade lógica, ele é, justamente por isso, em perfeita concreção de sua significação. Havíamos recobrado a unidade indivisa desta última, a despeito de sua aparente duplicidade: o νοῦς, inteligência do inteligível; o πνεῦμα, ritmo da animação. Mas, segundo a temática precedente, era ao espírito do homem que o conceito se referia, para fazer memória do ser. O ser irredutível às suas operações, às potências de nosso espírito. E essa irredutibilidade se lia no recolhimento das manifestações irrecusáveis na existência antropológica. Mas o puro conceito está isento dessa [88] experiência espiritual. Por isso ele apaga, em sua necessidade, essa distinção real para pensar-se na *identidade* do numenológico e do pneumatológico. Inteligência da inteligibilidade, ritmo equilibrado de sua energia pura em ato, ele significa a *vivente liberdade absoluta, em saber absoluto de si mesma*. Mas então ele implica sua identidade imediata com o princípio de si mesmo.

Com efeito, se o espírito humano se verificava como ser-de-dom, era precisamente porque ele se mostrava não derivável e não dedutível. Nem efeito do querer, nem fenômeno natural, nem consequência de uma lógica enunciável, ele só poderia dever ao espírito, embora ele *não* fosse seu próprio autor. Contradição? Contradição para um pensamento causal estranho ao conceito de dom, conceito que rejeita tal pensamento e suprime sua abstração. Mas não ser sua própria origem é uma constatação antropológica, não uma necessidade do conceito de espírito. E se essa constatação negativa possui como verdade positiva o dom, que é o ser-de-espírito do homem, a exclusão de um princípio, ou premissa, ou causa, que seria outro que o espírito para o espírito, tem como sentido conceitual positivo o da proposição: o espírito deve seu ser somente ao espírito. Proposição que não é imediatamente uma asserção ontológica, mas antes uma problemática enunciada em seus termos conceituais necessários. Portanto, a mediação é a exigência, sem ser a presença, de um dado de sentido ou de experiência.

b / Essa *exigência* de mediação é própria ao *pensamento especulativo*, pois ele se identifica com o esforço de reminiscência do conceito que obriga ao seu ser, e que prescreve a busca ontológica, mesmo quando esta é a exigência de um pensamento sem apoio experiencial ou existencial. Mas o desnudamento fenomenológico não é fragilidade noética, salvo que se postule, por petição de uma metafísica oculta, a dependência do pensamento em relação à experiência, dependência inevitavelmente redutora desta última à experiência sensível. Pelo contrário, a busca conceitual do ser é tanto mais viva quanto o conceito é liberado dos dados da experiência, que são sempre seu incômodo por inadequação indelével. Recordemos que o pensamento tenta submeter a experiência, longe de encontrar nela a sua medida e o seu controle. Negar isso equivale incontestavelmente à asserção de uma produção do sentido pela [89] natureza, da ideia por seu contrário, no rigor de um empirismo absurdo.

Que o conceito de espírito, segundo a norma da anamnese, conduza ao ser, obrigue à ontologia, é o que resulta claramente de seu momento necessário de reflexividade, constitutiva do uno e do ser, desafiando a dispersão infinita na exterioridade pura. E essa significação de reflexividade permanece, em perfeita distinção ideal, no puro conceito de espírito. Não que ela reduza antecipadamente, o que seria uma outra petição metafísica, o ser do espírito à negatividade espiritual da reflexão ontológica. Mas ela é seu indicador inicial, que abre o limiar indispensável para a ontologia. Abertura para o pensamento especulativo em sua positiva racionalidade, no sentido em que Hegel a opunha à negatividade dialética[1], no sentido também em que esse autor — conjugando "místico" com "especulativo" — requeria do esforço conceitual um saber do espírito na noite das certezas sensíveis. A odisseia rumo ao Princípio espiritual, à fonte ontológica, somente pode, com efeito, ser realizada fora das garras de fenômenos ou de acontecimentos derivados que constituem o mundo natural.

c / É precisamente o espírito no *absoluto* de si mesmo que tem de ser pensado especulativamente em e por seu conceito puro. Este é exclusão de todo domínio natural, histórico, humano, que relativizaria seu sentido, colocando-o na dependência ou como consequência daquilo que não é o espírito. Não que o mundo natural e humano esteja interditado ao espírito que é simplesmente espírito, ao absoluto do espírito. O interdito retiraria, antecipadamente, todo direito de presença, segundo a representação-limite da fragilidade absoluta, que ocupa o lugar de "transcendência" nas sequelas antropomórficas das teologias negativas. Mas o absoluto do espírito é a única concepção que o conceito originário do espírito irrelativo pode e deve desenvolver.

Interromper-se-ia esse desenvolvimento, já na iniciativa especulativa, caso se prejulgasse uma distância insuperável, até mesmo uma confusão

1. Cf. *Enzyklopädie*, §§ 78-82.

de gêneros discursivos, entre uma *categoria lógica* e uma categoria *metafísica* [90] do absoluto. Prejulgamento que é, exatamente, destituição da ontologia em sua própria possibilidade. Recusar-se-ia assim a conversão da proposição especulativa "o espírito é absoluto", decidindo-se por uma função exclusivamente predicativa de "absoluto". Isso equivale a negar a este todo o sentido, relativizando-o por meio de um jogo atributivo. Assim, essa proposição é inteligível apenas mediante sua conversão, "o absoluto é espírito", sem prejulgar a mediação que seria a única capaz de uma tese ontológica afirmativa: "o absoluto do espírito é".

Não ficamos, contudo, com a exposição antropológica precedente, encerrados em uma contradição ou instalados na pressuposição da conclusão especulativa?

A contradição entre o ser-de-dom e o absoluto do espírito é apenas uma aparência imediata. O conceito de dom está longe de revogar a proposição inicial "o espírito somente deve seu ser ao espírito", uma vez que ele é o único a honrá-la adequadamente; como o espírito do homem não é seu próprio fundamento, como ele não resulta, em seu ser, de nossa iniciativa, mas se confessa em dívida de si, ele *é o espírito que remete ao espírito*, longe de ser o produto aleatório de um arbitrário que o instituiria fantasticamente a partir do âmago da natureza, a qual não oferece nenhum lugar vazio para uma autoposição espontânea. O espírito humano está assim, nativamente, no embaraço quanto à sua origem espiritual que ele não é.

Inversamente, a ontodorologia não é a patente pressuposição de um Doador, o saber imediato de uma Origem, a ponto de ela ser apenas uma dissimulação antropológica de uma teologia envergonhada? Também não. O mistério da origem guardado pela mancha cega exclui um saber original, uma identificação de um autor ou doador, impessoal ou pessoal. O dom que é o ser-de-dom é referência sem referente. Nos termos da Escolástica, nossa existência não implica o *Deus per se notus* e tampouco contém uma presciência de nossa destinação. Que o espírito deva apenas ao espírito é, literalmente, a douta ignorância indiscernível da reflexão ipseica, consubstancial à consciência de si. Que nenhuma evidência "natural", inicial, inata e imediata de um Doador de meu espírito seja oferecida junto com a oferenda de meu ser, tal é, aliás, a exclusão necessária do dom em seu conceito adequado, ou o corolário [91] negativo de sua afirmação. Pois *o dom carrega o anonimato de sua origem*, o silêncio de seu ato posicional, a ausência de seu Princípio. Um princípio está presente somente em suas consequências, e não no ser que ele faz ser por si mesmo. A inovação ontológica que é o aparecimento de um ser de espírito não é nem assinada por um autor identificável nem marcada como um produto técnico. Aquilo que se assina é guardado, de algum modo é retido, não é dado. O dom é abandono de um direito de autor ou de procriador. Ele é plenitude de ser espiritual, dado a si mesmo, sem reserva nem lembrança possessiva. E o ser em dívida de si não estaria em uma situação de obrigação ética, de liberdade para dar ou recusar, se ele fosse um devedor na presença ou na lembrança de seu credor. Assim a ontodorologia não é teologia implícita, ela é desejo e busca de um saber cuja mediação seria a obra do pensamento especulativo.

Pensamento especulativo que uma revelação religiosa não poderia dispensar. A menos que esta represente seu próprio conteúdo como uma lição ininteligível, como palavras que seriam coisas para nós — segundo um nominalismo teológico reiterado de tempos em tempos —, o que é conhecido em uma fé deve ser *reconhecido* pelo pensamento restrito apenas ao rigor de si mesmo, em sua racionalidade autônoma. Não que os pensamentos dos homens meçam e julguem uma Palavra divina, como caricatura um fideísmo que não guarda o pleno direito de Deus, a despeito de suas pretensões. Pois um Deus que se expõe ao pensamento manifesta mais poder que um Deus selado para a inteligência e cuja mensagem seria um mero simulacro, uma revelação contradita, uma pseudomanifestação. Mas o pensamento da fé não existe sem sua provação reflexiva e não poderia dispensar a razão especulativa, comum ou cultivada, de ter o direito e de exigir sua própria mediação para afirmar nossa Origem espiritual absoluta. Afirmação, contudo, que jamais é premissa de um ato de fé, o qual pertence à ordem invocativa da linguagem a Deus.

A mediação especulativa, qualquer que seja sua expressão, realiza-se no ato de reminiscência ontológica, que Kant chamava de "prova ontológica". Mediação do pensamento que conclui pela identidade do ser e do absoluto do espírito, ela atesta para e por [92] si mesma a não evidência imediata de sua afirmação conclusiva. Sem dúvida, em sua formulação lógica ela exprime *negativamente* sua conclusão: pensar o absoluto como não sendo é pensar contraditoriamente, isto é, não pensar. Ao proferir um Deus privado de ser enuncia-se uma palavra que é uma coisa. Mas se a *afirmação* ontológica permanece aqui latente, frágil e de certo modo antecipada, é precisamente porque ela continua sendo a espera determinada, in-formada, de uma manifestação do Espírito absoluto que ela enuncia. Ela mantém, com efeito, a necessidade conceitual da identidade entre o absoluto e o espírito. O que se deve expor agora.

Desde Santo Anselmo, observou-se que a prova ontológica era suscitada pelo pensamento do cristianismo, mesmo quando ela era formulada universalmente, aliviada, purificada de toda petição de uma teologia revelada. Hegel compreenderá a razão clara disso: o cristianismo afirma conjuntamente que *o absoluto é espírito* e que *o espírito não é sem sua manifestação*. Dupla afirmação indissociável que constitui, por assim dizer, a condição de inteligibilidade da revelação epifânica. Por isso a mediação que a prova constitui não pode se realizar se a recusa da dupla afirmação está no princípio de uma filosofia. Recusa frequentemente tácita, implícita em uma metafísica pressuposta, metafísica negativa para a qual o absoluto é inconcebível, impensável, fora de alcance para a afirmação especulativa e incomensurável com a figura de um Deus revelado, que a fé religiosa se representa na noite de sua inteligência. De modo exemplar, a crítica de Kant se oferece como a revogação da mediação por adesão pressuposta a uma tal metafísica.

Se, com efeito, não se pode concluir do Absoluto, em seu conceito, ao ser, é porque ele não é próprio à inteligibilidade da inteligência, ou porque não é possível nenhuma concepção positiva do absoluto. Por isso ele não é, a não ser por ilusão, por confusão entre as regras transcendentais e o conceito do transcendente, objeto de *conhecimento numenal*. Ora, o que é designado por "númeno", segundo a língua platônica transliterada, é precisamente a inteligibilidade da Ideia em sua verdade ontológica espiritual. O νοῦς significa o espírito como inteligência do inteligível. Mas para Kant não poderia haver [93] conhecimento do númeno, a não ser negativo, como evocação do incognoscível. A razão disso, incansavelmente repetida, é que não podemos ter intuição dele, porque há apenas a intuição sensível. O que é uma pura petição de princípio. Com efeito, que não haja intuição intelectual possível significa muito exatamente que a ideia do que é irrelativo à natureza, à nossa sensibilidade, ao nosso corpo, não oferece sentido inteligível à inteligência e, portanto, que não há conceito puro do espírito, ideia do absoluto do espírito. Por conseguinte, o que se dá imediatamente a conhecer, embora por meio das formas espaço-temporais de nossa receptividade carnal, o que é pois dado "intuitivamente", somente pode ser o diverso fenomenal sensível: não há fenômeno do espírito. Torna-se obrigatório, então, forjar esse monstro de contradição de uma "intuição cega" sem conceito de entendimento! E a disjunção fantástica entre fenômeno e númeno é apenas a transcrição da exclusão do absoluto fora da concepção, por equivalência entre a indeterminação — grau zero do sentido — e o absoluto inacessível. Desse modo, a famosa "refutação" da prova ontológica é reveladora de uma metafísica negativa — expressa como negação da metafísica — que é o único princípio explicativo da construção de toda a *Crítica da razão pura*. De outro modo, seria insignificante, sem essa petição, assimilar a ideia de Deus — incomparável — a qualquer representação de uma coisa, uma moeda, por exemplo!

Entretanto, se a filosofia kantiana deveu ser evocada, foi somente porque ela ilustra muito bem a impossibilidade de uma mediação especulativa para quem rejeita que o absoluto seja espírito[2]. O absoluto é inteligível somente se ele é exprimível, se ele se dá a pensar. Mas ele não é dado a pensar se, em si, ele é declarado como não possuindo expressão de si mesmo. O absoluto é impensável se lhe falta o poder ser *sua própria expressão*, sua própria manifestação. Puro negativo, privado de expressão, de expansão, de positividade efusiva, [94] o absoluto seria privado de vida, *exonerado do ritmo espiritual*. Na verdade, é a mesma coisa revogar o númeno e afirmar a fragilidade infinita de um Deus incapaz de se manifestar, incapaz de reflexividade no saber de si e, portanto, de expressividade, de positividade, de manifestação ideal de seu ser. Sem o ser de espírito, não há ser inteligível, não há conceito do absoluto, do divino. Repitamos: a mediação especulativa não se baseia aqui em uma intuição intelectual sem conceito, mas na intuição intelectual *do* conceito puro do espírito: o absoluto do espírito não é

2. Afirmar que "Deus é espírito" pode assim ser entendido no sentido negativo-privativo: o invisível, o insensível. Mas então a positividade espiritual é excluída e o ser também junto com ela.

"*per se notus*", e a prova é *mediação do conceito para o ser de espírito do absoluto*. Dizer que o espírito não é sem sua manifestação não é de modo algum identificar manifestação com revelação histórica. É lembrar que *o Absoluto somente o é como absoluto do espírito*, a menos que seja o impensado do inexprimível *em si*, absolutamente. É dizer que o conceito só possui a positividade que expressa o ser, ao significar o espírito, absolutamente.

A diferença entre a passagem do conceito ao ser do espírito humano e a mediação especulativa da prova ontológica é, pois, irredutível a uma via de eminência. Pois, se a mediação *fenomenológica* — o arquipélago das manifestações — é indispensável no primeiro caso, ela é proibida no segundo, em que o pensamento especulativo não tem o apoio de uma experiência do ser espiritual, e cumpre sua exigência na passagem do possível para o necessário. Mas o possível aqui, no caso único, exclusivo, do absoluto do espírito, irredutível à vida natural, ausente do mundo em seu conceito puro, é o espírito que só é espírito, na plenitude de seu sentido necessário. Por isso ele não contém nem contingência, nem incerteza de origem, nem problemática de presença ou de existência de fato. A única presença requerida, no princípio da mediação, é a do sentido conceitual em sua intuição inteligível. Aqui é preciso não confundir a intuição do conceito, mediatizado pela unidade de seu sentido, com o saber absoluto do espírito, o que seria delírio do pensamento[3]. [95] A intuição do conceito não é conceito intuitivo ou identidade atual da inteligência e do inteligível. O saber absoluto, a perfeição do saber, é apenas a norma do pensamento, o voto último do desejo que o anima.

Precisamente, é a partir da aliança do pensamento e do desejo, da exigência irrecusável do saber absoluto do espírito, de sua perfeição ideal, que o pensamento especulativo, em reflexão sobre si mesmo, conclui pelo ser do absoluto, ser que está no fundamento necessário do desejo insaciável de luz, quando se verifica que não estamos e que não podemos estar no princípio dessa aliança em nosso espírito. O motor da prova, da efetiva mediação, conforme já o havíamos exposto[4], é que a liberdade de nosso

3. Delírio absurdamente atribuído algumas vezes a Hegel. Esse autor nunca declarou possuir o saber absoluto! Ele fala sobre este último, o evoca ao seu modo, segundo a tradicional perspectiva da visão beatífica.

4. Cf. *L'affirmation de Dieu*, p. 161 ss.

pensamento não pode ser exercida sem que se reconheça a exigência que a anima, na intimidade do sentido conceitual e da energia espiritual. O *quo majus cogitari* de Santo Anselmo, o *summum cogitabile* de Duns Scot só exigem a afirmação ontológica do absoluto do espírito mediante a presença real da ideia na exigência, da ideia de absoluto no desejo ilimitável do saber absoluto da ideia. Mas, se o ato da liberdade divina é requerido necessariamente para conjugar em nós o desejo e o pensamento, é justamente porque ela própria é inconcebível como ideia contingente, aleatória, revogável[5]. Impensável como não existindo. Podemos negar uma liberdade que fosse pura negatividade, absoluta independência: ela seria impensável e inencontrável. Podemos rejeitar uma liberdade totalmente positiva, totalmente de ação, esgotável em sua manifestação: ela seria apenas o fenômeno do mundo submetido às próprias leis. Mas não podemos negar, pensar como inexistente, a absoluta liberdade, pensada na identidade *espiritual* do negativo e do positivo, pura iniciativa de seu ser, Espírito absoluto.

2. O uno, o ser e o espírito

A existência não é um predicado da essência de uma coisa que se somaria com outros atributos para defini-la. Não há dúvida disso, e ninguém disse o contrário. Mas o absoluto não é uma coisa cuja [96] essência é definida independentemente de sua existência. Dizer o contrário é dizer apenas palavras insignificantes. A menos que se expresse um pensamento totalmente diferente, por meio de um absurdo flagrante.

Com toda a precisão desejável, Plotino escreveu esse pensamento totalmente diferente[6]. Supondo a identidade entre o absoluto e o uno — da qual voltaremos a tratar — o teorema a ser demonstrado se enuncia claramente: o Uno não é o que é. Demonstração realizada em dois tempos: toda atribuição ao Uno implica o ser do Uno, e toda atribuição do ser implica uma diferença interna, uma distinção que contradiz a unidade absoluta do Uno.

---

5. Cf. *Le droit de Dieu*. Paris: Aubier, 1974, p. 83 ss.
6. *Enéadas*, VI, 7, 38.

Não se pode dizer, por exemplo, sobre o Uno: "Ele é bom", pois esse dizer convém apenas a uma coisa que é. Mas dizer do Uno que ele é, "não é no sentido em que se afirma o ser de alguma coisa", é, no máximo, uma maneira de visar o Uno[7]. E Plotino sutiliza para evitar todo equívoco. A gramática nos obriga ao artigo definido, para impedir que não se designe nada[8]. Mas não sejamos ingênuos: a cópula *é* não atribui o ser ao Uno nem o supõe para atribuir-lhe o que quer que seja. O leitor ingênuo sem dúvida não terá compreendido a razão pela qual se retira o ser do Uno. Isso porque ele não apreendeu a divisão do Uno em relação a si mesmo que resultaria disso. Por quê? Simplesmente, mas definitivamente, porque, *para ser, o Uno* deveria saber a si mesmo, ao menos ter a sensação de si mesmo. Argumento rigoroso, pois a unicidade do Uno, sua absoluta solidão, exclui que ele seja um dos seres, uma substância entre outras. O Uno é "para além do ser substancial", "além daquilo que se basta a si mesmo"[9]. Por conseguinte, o Uno só pode ser se ele é Sujeito. Mas eis algo impossível, pois implica a divisão reflexiva do conhecer e do ser conhecido. O Uno deveria ser *Cogito divino*, dizer-se: "Eu sou". Mas isso é impossível: O Uno não é, nem como objeto, nem como sujeito; sua unidade absoluta exclui eternamente o autossaber, e o ser autoafirmado por via de imediata implicação.

[97] A revelação mosaica é assim apagada pela metafísica do Uno, em seu duro rigor. É preciso escolher: ou o Absoluto é o Uno, ou ele é e diz de si: "Eu sou aquele que sou". E, se esta última proposição é proferida a respeito de um Deus, é porque o absoluto não é Deus ou, como se preferir, porque o divino não é Deus. Permanece o pressuposto: o Absoluto é o Uno. Pressuposto mal entendido por quem julgasse assim subordinar o absoluto a uma categoria quantitativa: o Uno é somente o índice do inatribuível, do incategorizável.

O Uno não é, pois o Uno, para ser, deveria ser saber de seu ser e, portanto, diferir de si mesmo, isto é, não ser Uno. Nosso autor ratifica Platão[10] explicitamente. A segunda hipótese do *Parmênides* possui uma irrefutável

---

7. Ibid. Por isso, precisa ele, se se diz "o Bem", é preciso empregar o apóstrofo (Τάγαθον).

8. *Enéadas*, V, 3, 15 e VI, 7, 38.

9. Ibid., V, 3, 15 e VI, 7, 38.

10. *Enéadas*, V, 8, 7.

consequência: se o Uno é, ele é seu outro por sua diferença interna no redobramento reflexivo do saber que põe o ser como outro. Mais vale preservar a unidade do Uno que captar a metafísica positiva que resulta da afirmação ontológica. Pois o rigor platônico é imbatível. Se, e somente se, o Uno é, podem-se fazer afirmações sobre ele; as condições da enunciação são dadas, o discurso sobre o Absoluto do Uno é possível. Tal é a lição dessa segunda hipótese do *Parmênides*. A henologia é negativa, não há nada a dizer sobre o Uno, a não ser por meio de representações provisórias ou argumentos de exclusão. Poder-se-á dizer que ele é "livre", sob a condição de entender com isso sua indiferença a tudo, o fato de que ele não necessita dos seres[11]. Pode-se dizer também que ele é (o) Bem, sob a condição de significar que ele é nosso Princípio, mas não para caracterizá-lo em si mesmo[12]. Por fim, se é preciso pensar o Uno nem como autoignorância, nem como saber de si, concedamos, para criar uma imagem, que ele contém uma espécie de atenção íntima (τις ἐπιβολὴ) mas não autointuição[13].

Desse modo, em seu conceito puro, o absoluto é, na verdade, inconceitualizável. E o absoluto não é nem o ser, nem a inteligência, ele não é nada [98] que seja exprimível, nem para nós nem para si mesmo. *O absoluto não é e não é espírito*. Pouco importa então que a henologia negativa se revele como ateísmo puro e simples, como é puro e simples o Uno que não é. A metafísica nega a teologia e, se só podemos apreender o Uno naquilo que procede dele e que não é ele, isso se dá precisamente porque nossos saberes vão na direção dos seres, nossa inteligência vai rumo ao que é, em suma, porque tudo o que não é ele *é*. A busca do Absoluto é assim bloqueada, sua norma é não cobiçar sua presença: "quanto a ele, deixem-no"[14]. Procurem todo o resto que lhe é exterior, mesmo que o Uno esteja no íntimo e no princípio de tudo, pois tudo é ao seu contato mas sem penetrá-lo. O pensamento, o espírito[15] lhe são contíguos sem interseção. O Absoluto não é nem conhecido, nem descoberto. Seria preciso apagar toda sombra que embace sua pura luz, toda sombra que é o ser, cada vez, e seu saber, para desaparecer na insciência absoluta.

11. Ibid., VI, 8, 7.
12. Ibid., VI, 7, 41.
13. Ibid., VI, 7, 38.
14. *Enéadas*, VI, 8, 18.
15. Ibid., VI, 8, 18.

Tal é, com efeito, o poderoso motor da henologia: o ser *altera* a pureza do Uno, totalmente luz, invisível como a noite perfeita. Mas o ser altera o absoluto porque ele supõe a reflexão ontológica da *epistrophé*, a conversão ao princípio. E a conversão ontológica a si e ao princípio[16] é negatividade, ato de fora para dentro que interioriza somente unificando e unifica somente reunindo o múltiplo. Múltiplo cuja exterioridade indefinida seria assim introduzida no absoluto, no âmago de sua própria negação. Ora, a conversão é ato do espírito. O espírito, portanto, não penetra no Absoluto, que não se altera nem com o ser, nem com a inteligência. O ser não é sem sua reflexão, mas precisamente a reflexividade, com sua negatividade espiritual que absorve a sombra do múltiplo, embaça a Luz. *O absoluto não é, pois ele não é o espírito*. O espírito que é diferença em ato — da inteligência e do inteligível —, o espírito que é conversão ao Uno que o exclui: duas maneiras de relativizar o absoluto, de perder sua perfeita identidade, de pretender introduzir em sua luz "uma sombria metade". Mas duas [99] maneiras também de fazer o ser, pelo não-ser da diferença que desafia a indeterminação do nada, pela unidade reflexiva ontológica.

Pura identidade irreflexiva, inalterabilidade indiferenciável, o Uno está para além da essência e do ser, sem contração ou dobra interna. Isento do espírito, ele escapa eternamente a tudo o que é. A henologia meontológica não é um manifesto de "transcendência", imagem representativa do "Altíssimo", do que é inacessível por superioridade invencível. Pois o "alto" é relativizado pelo "baixo", o "superior" pelo "inferior". O Uno que não possui ser, por não ser espírito, não é nem sequer o nada, contraditório do ser. Pura luz indiscernível da noite sem estrelas, plenitude indistinta do vazio, ele é a *Nulidade* absoluta[17]. Sem dúvida ele é o inefável absoluto e eterno, estranho a toda palavra. Mas então por que escrever esses volumes de henologia?

Para dizer o que é e o que não é. Pois tudo "procede" do Uno. Mas essa processão é inteligível quando seu princípio não o é e não é? É a única questão que se pode pôr ao plotinismo.

---

16. Ibid., VI, 9, 3.

17. Bruaire joga com os termos franceses "néant" e "rien", traduzidos aqui, respectivamente, como "nada" e "nulidade". Seguiremos a mesma tradução sempre que o autor repetir a contraposição. (N. do R. T.)

A processão significaria, com efeito, que o Uno é plenitude ou potência infinita e ontogênica. Que tudo o que é, em toda ordem espiritual ou natural deriva Dele, por degradação senão por efusão. Mas, assim como a conversão, a efusão doadora assimilaria o Uno ao espírito. O Uno não é nem conversão nem efusão. Sua identidade absoluta o absolve de toda espiritualidade, o exclui do ritmo do espírito vivente. Então como procede a processão? Não por consecução, pois o Uno não é o Princípio — Logos. Começo absoluto de tudo, ἀρχή do ser e do pensamento, ele exclui a afirmação joanina: no princípio é o verbo. Deve-se pensar em um misterioso processo de mistura alteradora, uma composição do Uno e do infinito, da regra de unidade e da infinita indeterminação? É isso que nos dá a entender Proclo, modulando ao seu modo o tema platônico do *Timeu*[18]. Mas esse indeterminado, o infinito, é o puro possível — puramente impossível — ou a absoluta potência? Se o infinito, [100] motor da processão, é potência ilimitada, como atribuí-lo ao Uno que não é, como conferir-lhe o poder que supõe seu saber? E, se ele não é potência, o que é o ato de proceder e a energia do ato de processão? E, se o infinito está "abaixo" do Uno, ele não explica nada da processão, devendo ele próprio proceder.

Nem efusão, nem alteração, nem constituição ontológica por mescla do determinante e do infinito, a processão seria criação, dom absoluto do ser que o Uno não é? Certas formulações de Plotino podem ser entendidas nesse sentido. Desse modo, quando se lê: "O Bem dá o que ele não tem"[19], ou ainda: "Não é porque ele é, que ele produz aquilo de que se diz: é"[20]. Esta última asserção autoriza a substituição do ter pelo ser, segundo a fórmula: o Bem dá o que ele não *é*. Não é esse o sentido adequado do ato criador, que faz surgir o ser criado do Nada, a afirmação de dom sem retorno nem retenção na absoluta graciosidade e potência ontogênica da Liberdade?

Recorríamos precisamente a essa fórmula para precisar a lógica do dom. A rigor, certamente, dar o que se tem, o que se é, é reduzir o dom à transferência ou à partilha, à degradação desapropriadora e empobrecedora. Dar o que se tem é deslocar, mudar de sujeito para a mesma atribuição, e não fazer o outro ser. V. Jankélévitch, tratando ao seu modo a ideia de

18. *Eléments de théologie*, *op. cit.*, p. 90-92.
19. *Enéadas*, V, 13, 15.
20. Ibid., VI, 7.

criação, fazia um paralelo entre a fórmula plotiniana e uma meditação de Kierkegaard sobre o dom espiritual oposto ao dom material[21]. O segundo empobrece, o primeiro enriquece. O dom espiritual exprime a generosidade superabundante da criatividade divina, o segundo fala sobre a ordem econômica da transferência de propriedade. Desse modo, a henologia plotiniana, distanciada da tradição judaico-cristã, teria compreendido o segredo da criação *ex nihilo*.

Mas não é assim, mesmo para uma leitura rápida do texto explicativo da afirmação [101] — posta primeiramente sob a forma interrogativa antes de sua retomada assertiva: "o Bem dá o que ele não tem". Plotino responde à pergunta "como?" sem nenhuma ambiguidade. Resposta em duas proposições claramente articuladas. Em primeiro lugar, lembra o autor, "se uma coisa vem do Uno, ela deve ser outra; sendo outra, ela não é una, pois o Uno é uno". Transcrevendo assim literalmente, nessas últimas palavras, a primeira hipótese do *Parmênides*, Plotino acrescenta: se o outro do Uno não é o Uno, ele é dois, portanto múltiplo. "Com o outro, surge a diferença e a identidade, a qualidade e todo o resto. Eis pois demonstrado que o que vem do Uno é não-Uno". Assim, o Uno não dá o que ele é (ou tem), pois ele dá o que não é Uno. E o múltiplo, os seres são pelo fato unívoco de serem outros do Uno. Diferença, alteridade que atesta a impureza indelével de tudo o que é. Onde está a generosidade, onde está a graça, onde está o dom espiritual? A total alteridade do Uno não é sequer o abandono concessivo: ele não "doa" mais, ao dar o que ele não é, do que ao dar o que ele tem, mas ele dá infinitamente menos, permanecendo fechado sobre si mesmo, como contrário absoluto do amor criador. E não saberemos mais que isso sobre a processão. Certamente, Plotino prossegue seu discurso interrogativo e aporético. Mas o rigor henológico revoga toda positividade doadora, excluindo toda numenologia e pneumatologia do que está para além do espírito e do ser. O Uno permanece fora da essência, fora da substância de tudo o que não é ele. Somos definitivamente instruídos: nossa inteligência deve se deter na Inteligência que o Uno não é[22]. A famosa "processão" que seria a passagem, transição de algum modo, mediação do Uno ao que é,

21. Cf. *Philosophie première*, PUF, 1964, p. 186 ss.
22. *Enéadas*, V, 3, 17.

sendo seu outro, que não é nem criação nem dom espiritual do Uno que não é espírito, permanece uma palavra ininteligível. Não há dúvida de que ela deve ser entendida como o inverso da conversão espiritual, a nós mesmos e ao Princípio, mas de modo nenhum o inverso processivo é inteligível, por falta de positividade e de inteligibilidade do Princípio.

Na verdade, Platão havia denunciado antecipadamente, com sua implacável lucidez, a *impossibilidade absoluta* de uma processão dos seres. Retirar [102] o ser do Uno, revogar o ser do absoluto, é, rigorosamente, privar de realidade tudo o que é outro do Uno. Por uma elementar mas invencível razão: se o Uno não é, o outro, os outros do Uno, não são outros, senão na *pura aparência*. O outro da Nulidade é outro nulo[23]. No máximo se poderia pensar que os outros do Uno são outros entre si. Mas então o mundo, que procede do Uno que não é, está submetido à lei de ferro da alteridade pura, sem que jamais a unidade dê consistência ou substância. O ser se desfaz em pó, infinitamente, a não ser que se "vejam de longe" massas aparentemente unificadas. Na verdade, elas são mera névoa difusa que evapora no nada da aparência. Essa é a oitava hipótese, cuja verdade é dita, em termos próprios, na nona e última hipótese: *Se o Uno não é, nada é*. Do Nada, nada procede e a processão é nula.

A não ser que se inverta toda a nossa maneira ocidental de pensar o ser, e se afirme a equivalência entre sua plena positividade e sua pura indeterminação. Essa sem dúvida é a tese principial da metafísica clássica da Índia, tal como Shankara a apresenta em seus comentários clássicos dos textos vedantas. Pensar a pura luz do absoluto fora de qualquer dobra ou diferença internas[24] como plenitude ontológica superabundante. Mas então seria preciso, como Shankara, extrair disso todas as consequências negativas relativas a todo ser finito e determinado[25]. Seríamos ao menos rigorosos, ao reduzir tudo o que procede do Uno à astúcia da ilusão, a esse processo de erros na identificação de toda coisa, que é a *maya*. Tudo o que procede é nada, e cremos cegamente no contrário como quando tomamos a corda por uma serpente. Restaria ainda seguir essa metafísica em seu princípio e conceber toda determinação, toda qualidade precisa, toda pro-

23. *Parmênides*, 164 c.

24. Cf. *L'Absolu selon le Védâta*, por O. Lacombe, Paris, Geuthner, 1956, p. 118 ss.

25. O que Platão faz na quinta hipótese do *Parmênides*.

priedade, todo ser enunciável em sua essência definida, como uma ausência, um vazio de ser, uma privação. O debate é difícil mas decisivo: [103] o pensamento da Índia é aqui nosso outro, totalmente outro. É sempre, e de modo radical, o debate sobre o absoluto, sua pré-concepção, que deveria assim ser retomado. Debate ainda menos acessível se aquilo a que chamamos "conceber" corre o risco de confundir, quando a presença (ou ausência) identificável ao absoluto é evocada como uma insciência. O que está em jogo, definitivamente, é a verdade do absoluto e o pensamento do absoluto como absoluta liberdade, em sua autodeterminação ontológica ou em sua indeterminação ilimitada. Retomaremos o assunto ao tratar do infinito e do problema da limitação. Em todo caso, é um debate que a henologia não conhece. Esta última concorda com a equivalência entre o ser e a determinação. Por isso a meontologia plotiniana não escapa ao rigor do resultado do *Parmênides*: se o Uno não é, nada é.

Sem dúvida se poderia corrigir a exclusão recíproca do Absoluto e do ser, que é exigida pela distinção entre o Uno e o espírito, reservando para tudo o que é, e que se apresenta ao mundo na multiplicidade patente, o termo "ente", o particípio presente que designa cada coisa que, segundo sua natureza, existe de fato. Então, ao diferenciar a presença do presente, como a luz daquilo que ela ilumina, se poderia deslocar toda diferença — ou indiferença — entre o Uno e tudo o que é, para aí sobrepor a diferença entre o ser e todo substantivo que é cada ente. Assim se poderia compreender, como retomada e tradução da henologia, a "diferença ontológica" entre o ser e o ente à qual Heidegger pede que atribuamos tanta importância. Nesses termos, as aporias da processão, da participação ou da criação parecem perder toda significação. Se o ser não é o ato de ser, o *actus essendi* segundo a expressão tomista, ele não pode ser compreendido como a forma própria de todo ser criado, como a comunicação criativa, ou *emanatio totius esse*, da atualidade ontológica de todo "ente". E toda tentativa de aclimatar a diferença ontológica de Heidegger ao ato que faz ser na criação divina, segundo Santo Tomás, é interditada pela teologia do Doutor angélico. O ato de ser universalmente comunicado, segundo este último, o é pela vontade do *Ipsum esse subsistens*, dispensador do ser que ele é absolutamente. Mas tudo exclui, [104] em Heidegger, o ser como efeito criativo do Deus criador, pois a diferença ontológica é aplicável a todo ente, inclusive ao Ente supremo. Deus não é "senhor do ser", como Schelling sustentava, mas um Ente do qual o ser difere, o que reduz Santo Tomás e toda a "metafísica clássica" a uma "ontoteologia" esquecida do "ser"...

Por isso, como Plotino e, em nossa opinião, em seu rastro, Heidegger fecha ao pensamento especulativo o acesso ao ser do absoluto. Simplesmente, "o ser" escapa a tudo o que é, como o Uno está além de toda a ordem ontológica. Pois, nas duas apresentações do inacessível, o espírito é inassimilável ao absoluto. Quando a distância da diferença é irredutível, quer o ente seja Deus ou uma mosca, o ser não poderia ser identificado com o absoluto do Espírito, com toda liberdade de um Deus pessoal, com o Espírito absoluto. Uma metafísica negativa comanda, pois, em ambos os casos, o divórcio entre metafísica afirmativa e doutrina do absoluto. O ser que não é nenhum ente é indiscernível do Uno que não é, por idêntica indeterminação absoluta. Persiste, simplesmente, o fato de que a henologia é mais clara e mais rigorosamente; expressamente, ontologia negativa.

Mas se pode ir mais longe no segredo dessa disjunção no princípio, entre o absoluto e o espírito? Por que essas teses na forma de desnível intransponível? Qual é a mola principial da recusa de pensar o Absoluto como espírito? Responder a essas perguntas não é apenas uma questão de interesse histórico. Com efeito, há uma lógica comum que comanda a impossibilidade, expressa de diferentes maneiras prestigiosas, de uma ontologia do Absoluto como Espírito. Por isso, todo pensamento conhece sua inclinação e sua força dissuasiva. Dissuasiva de uma ontologia do espírito que pretenda recolher um saber — por mais balbuciante que ele seja — do absoluto. Olhemos mais de perto.

Dir-se-á que o pensamento é sempre o *nosso* pensamento. Não que ele seja, em seus conteúdos conceituais necessários, em sua forma racional, nossa produção, nossa invenção aleatória. Pensar certamente nos impõe sua lei e nos oferece a ideia. Sem dúvida a linguagem discursiva é mais velha que nossas retomadas, em nossas línguas e perspectivas, quando nós a carregamos de subjetividade, de historicidade e a usamos em nossa [105] singular perspectiva, que a amarra aos nossos preconceitos e pressupostos. Sem dúvida também ela nos dá, em sua reflexão sempre disponível, o poder de refazimento, de purificação, capaz de restaurar seu rigor e de reencontrar seu acesso ao verdadeiro. E por pouco que sejamos, como o negador cético desabusado, insensíveis às suas implicações e desviados de sua laboriosa caminhada, a energia espiritual jamais falta ao pensamento, animando nossa busca de verdade. Mas aquilo a que temos acesso ao pensar, mesmo que fosse a plenitude de um saber absoluto, permanece próximo demais de nós, em uma comunidade de essência, excessivamente humano. Aquilo a que temos acesso não é o inacessível. Para o pensamento especulativo, o númeno diz respeito ao nosso direito de chegar, ao nosso poder de entrar. Ele é dado ao nosso conceito, ele é acessível mesmo que jamais possa ser adequadamente apreendido na identidade ideal, normativa, de seu conteúdo e da forma conceitual.

Mas *o acessível não é a verdade do absoluto. Tal é o princípio de exclusão.* E, para reforçar isso, se acrescentará que o pensamento, precisamente, não pode ser desvinculado da vida pneumática, de seu desejo de verdade, da liberdade que desprende a inteligência da sensibilidade, se confirma no juízo e comanda a reflexão noética. O ritmo espiritual é assim a própria animação da inteligência com o sopro de sua dupla potência, reflexiva e expressiva, interior e comunicativa. O espírito por inteiro está, portanto, em ação em todos os espaços inteligíveis acessíveis ao nosso pensamento, que ele vivifica e do qual ele constitui a idealidade. E não há dúvida de que o conceito é exigência anamnésica de seu ser, em toda reflexão ontológica, de tal modo que a ontologia se mostra como verdade do idealismo. É por isso que tanto o ser como o espírito são conjuntos exclusivos do Uno inacessível, absolutamente irrelativo, eternamente estrangeiro, infinitamente distante, mesmo quando está em contato, ou quase contato, com a esfera do universo de tudo o que é e pensa. E se precisarmos dizer que o absoluto do Uno, em sua total alteridade, ileso do ser e do espírito, é contudo o Princípio deles, será sem dúvida para enfatizar sua total suficiência, compreendendo-o — negativamente — como começo sem começo. Mas assim que a compreensão tentar [106] obter alguma luz sobre a *passagem* do Princípio aos derivados, com a lógica discursiva pretendendo penetrar no absoluto para apreender seu ato processual, ela deverá concluir como Platão, por constatação de ausência: se o Uno não é, nenhum outro é.

Nem positividade da efusão criadora, do dom do ser, nem negatividade reflexiva do absoluto saber de si, o Uno absolutamente absoluto, absolutamente irrelativo, eternamente estranho a tudo o que pode ser compreendido, esperado, aguardado, somente é, pois, pura luz para ser a obscuridade invencível, noite interminável para o espírito. Essa metafísica se torna ela própria inacessível à lógica, pronta a se desfazer de todo conceito, a apagar toda categoria ontológica de sua "visada" do invisível. Toda contradição lhe é insensível, toda dialética, alheia, quando o discurso pretende transgredir a ordem do sentido, do ser, do espírito. Dir-se-á que o Uno é, como princípio quantitativo, uma mera instância negativa de descontinuidade? Responderão que a palavra é apenas símbolo do que é indecifrável. Dir-se-á que se o absoluto não é absolutamente livre, absoluto do espírito livre capaz de manifestação, ele não é absolutamente absoluto, portanto não é absoluto? Estarão prontos a sacrificar também o absoluto em seu próprio conceito, entregando-o a uma filosofia da religião que pensa sempre um Ente supremo, quando é preciso pensar o ser impensável. Até mesmo o silêncio seria cúmplice de pretensões "intuitivas".

Ainda resta a imagem da "transcendência" do inacessível longínquo. Ela guarda, ao que parece, a alteridade absoluta que nos escapa absolutamente. Mas, imagem por imagem, quando o diálogo dialético é revogado, a *total proximidade* figura melhor o absoluto que se queria preservar, sob o risco de identificá-lo com a fragilidade e com a esterilidade eternas. O Outro absoluto não é o semelhante a um dado imediato, ou o conceito analisável na facilidade do desenvolvimento discursivo do implícito. Mas não porque ele esteja longe demais, a uma distância infinita, mas porque ele está próximo demais, para ser objeto ou ideia. O mistério da origem que incita incansavelmente a retomada da mediação especulativa não se deixa enunciar nos termos de um contato informulável, menos ainda de uma indiferença irredutível, mas nos termos de uma indecifrável presença no íntimo de meu ser de espírito: [107] *interior intimo meo*. O absoluto só estará no princípio se ele for infimamente o espírito no centro e no coração de meu espírito.

3. Filosofia e religião do espírito

Expõe-se uma dialética muito clara quando se assimila Deus a uma fantástica projeção humana do espírito humano. Pois o totalmente-outro inacessível não é o diferente como Outro absoluto, mas o *in*diferente. E o não diferente, absolutamente, é indiscernível do idêntico. Em outras palavras, o totalmente-outro é apenas o uniforme, ou a forma vazia, que oferece um conteúdo somente ao modo do perfeito espelho, que envia de volta a nossa imagem quando tentamos percebê-lo. Feuerbach dirá, sem causar surpresa, "Deus é o espelho do homem", concluindo pela equivalência entre um humanismo ateu e uma teologia negativa[26].

Inversamente, o *Deus interior intimo meo* exprime o mistério, para o saber imediato, do absoluto do espírito em termos de identidade e, seria necessário dizê-lo, de hiperidentidade. Que a mancha cega revogue a pretensão da consciência autotransparente, para reconhecer a obscura origem de si no centro de si mesmo, segundo as meditações de Gabriel Marcel[27], significa precisamente que o absoluto não é o Totalmente-Outro do espírito, mas o próprio Espírito, como diz seu conceito puro, infinitamente mais espírito que o espírito humano, no absoluto de si mesmo, desconhecido imediatamente devido à total proximidade de sua presença, mas cuja intimidade nós perdemos, assim que o pensamos especulativamente. Identificar o absoluto ao Espírito, em seu conceito puro, permanece, com efeito, um ato especulativo cuja anamnese, o reconhecimento que esse ato inaugura, é a mediação que conclui ontologicamente. Mas o ato especulativo, que desdobra o pensamento, opera no despojamento de si, na abnegação racional da reflexão subjetiva sobre si.

[108] Assim, o pensamento especulativo penetra o mistério da insciência imediata, mas sob condição de exercer-se no mistério da proximidade perdida. É nesse sentido que o mais próximo só é afirmado longinquamente, na ausência do íntimo, na distância infinita de uma Fonte reconhecida, mas invisível justamente por isso. Entretanto, o que é conhecido desse modo na afirmação ontológica é o contrário exato do absoluto inexprimível, privado de manifestação, em eterna impotência de revelação. Pois o ser afirmado do absoluto é ser espírito absoluto. Ser da inteligibilidade perfeita, em excesso de sentido para nosso pensamento e

26. Mas a equivalência torna possível a escolha do humanismo decidido por um teomorfismo patente do homem. Cf. *Pour la métaphysique*. Paris: Fayard, 1980, p. 33 ss.

27. Cf. particularmente *Journal métaphysique*, Gallimard, p. 281. MARCEL segue aqui uma via aberta por SCHELLING em suas *Conferências de Erlangen*.

não em falta: *summum cogitabile*, "o maior" a pensar que se possa desejar pensar. Ser do inteligível absoluto, ele é pensado como expressão de si, sem resto, sem sombra invencível pela luz de sua automanifestação. Ser afirmado da absoluta inteligibilidade de si, da identidade da inteligência e do inteligível em sua diferença consumada, acabada e abolvida na reflexividade ontológica do saber de si, na pura liberdade em que nada escapa, em que nada permanece alheio, exterior, distante. Em consequência, a prova ontológica, sugerida pela revelação cristã, se enuncia em contrapartida como a condição de possibilidade e de inteligibilidade desta mesma revelação.

Afirmar o ser do absoluto, afirmar que o absoluto é espírito, afirmar que o absoluto é Deus, é uma mesma coisa. Reservar um desnível, um afastamento, entre o absoluto e Deus, repetir a inadequação entre o conceito e o ser de espírito, entre a "abstração" da Ideia e o Deus vivo, pessoal, não protege de modo algum a fé religiosa contra o "Deus dos filósofos". Isso significa, pelo contrário, torná-la impensada, incompreendida, absurda, em uma época na qual se preserva o pressuposto de um absoluto inacessível, privado de ser e de sentido. Quem tivesse a pretensão de conhecer alguém que não fosse ser de espírito só poderia identificar uma coisa. Mas quem pretendesse conhecer um Deus de espírito sem reconhecer nele o pleno sentido do absoluto veneraria apenas um ídolo, a projeção figurada do imaginário humano. O ídolo, precisamente, não é tal por proximidade do homem, mas porque o homem dispõe dele, o constrói e o coloca no lugar de Deus. O ídolo, por conseguinte, é um desafio à absoluta liberdade divina, revogação de sua onipotência espiritual, interdito erguido contra a absoluta iniciativa de manifestação. [109] É por isso que o inacessível murado em sua inteligibilidade, grau zero do pensamento, vazio espiritual, é mero princípio de secreção idolátrica, Coisa informe que é cadinho de Formas mudas e mortas.

Assim a mediação especulativa deve ficar à escuta da Religião do Espírito, daquilo que é dado a pensar no cristianismo, do que é dito ali, como revelação histórica do Espírito ao espírito. Que essa escuta não seja o primeiro passo de uma teologia envergonhada, dissimulada sob a expressão "filosofia da religião", é algo que aparece distintamente ao exame do simples estatuto geral de uma teologia da revelação. Exame que não é redutível a uma precisão de método, mas que aciona e começa efetivamente uma ontologia do Espírito absoluto.

A teologia de uma revelação histórica é exercício racional confrontado à *memória* da Palavra de Deus, e não a apresentação de uma axiomática que figura um "dado" revelado. Ao substituir a primeira pela segunda é que se passa a imaginar a razão teológica como exercício de lógica formal, em busca de coerência. Segundo essa imagem, o ateu poderia ser um perfeito teólogo, pois a lógica não leva em consideração a fé. Mas um tal dado é tão pouco memória de uma revelação, que ele contradiz, em sua própria ideia, tanto a possibilidade como a realidade dessa revelação. Pois uma lista de proposições não resume um dado divino, mas apresenta um conjunto finito, esgotado. Se Deus falou, o dom de revelação é infinito, inesgotável, o que exige do teólogo inventividade e não repetição. Inventividade como norma de fidelidade e não produção de pensamentos "novos" como imagina, por sua vez, um "teólogo" amnésico, pretendendo livrar-se do peso da tradição, isto é, da herança em forma e ato de memória. Se há revelação histórica, *in illo tempore*, é porque o Infinito se *deu*, se revelou. Neste caso, o passadismo repetitivo de um dado definido e congelado, como múmia indeformável, se mostra solidário de um "progressismo" teológico ansioso por "criatividade": em ambos os casos o dado não é o infinito do espírito, o infinito do espírito não é dado. Desse modo, o teólogo, na ousadia de sua retomada da tradição, encontra-se em atividade memorial da linguagem de Deus. É aqui, nesse esforço de retomada, de recomeço, que nasce [110] uma exigência de reminiscência conceitual atravessando, em uma tensão viva, a memória da Palavra. Exigência suscitada pela fidelidade teológica criadora, que libera e torna ilimitada a interrogação puramente filosófica, totalmente especulativa e isenta de concessões. É nesse tempo vivo, avivado ao infinito por um desafio incomparável de verdade, que a filosofia da religião se exerce com toda a autonomia. Autonomia que é o risco inevitável da teologia racional, risco que a fé do teólogo carrega, na medida em que a linguagem de Deus, verdade efetiva dessa fé religiosa, convida, com toda a injunção da revelação epifânica, universal, à reconstituição de uma linguagem *sobre* Deus, num reiterado esforço especulativo.

Nessa exigência especulativa, filósofo puro é o teólogo. Ele se encontra momentaneamente sem o apoio de uma teologia positiva — histórica e exegética —, e no intervalo da retomada racional, teológica. Por isso o filósofo, como tal, se junta a ele, por pouco que esteja à escuta da sugestão dada ao seu pensamento pelo discurso de revelação. O ato teológico se dobra à necessidade conceitual, embora sem a ascese radical do espírito livre. Filosofia *da* religião, em que o genitivo subjetivo e objetivo é sempre a dupla reflexão laboriosa de um pensamento a partir de um dado religioso, mas que, sem reservas, é também a prova crítica das implicações metafísicas do mesmo dado. E a especificidade irredutível da razão teológica somente reconduzirá à separação formal em relação à filosofia, por meio da reanimação da inteligência da fé, no cadinho da memória vivificada da revelação, memória verificadora da fidelidade submetida à prova.

O exemplo que é preciso tomar é a própria essência, o teor, o conteúdo problemático, o dado nu do ato de fé, dado a pensar sem reservas que bloqueiam o exame crítico dos pressupostos, no âmago da reelaboração espiritual. A tese da revelação histórica não pode ser abstraída da afirmação da encarnação da Palavra divina. Para a concepção especulativa, inaugura-se imediatamente um debate sobre *o infinito* e o finito O dado revelado parece dar a pensar somente uma insuperável contradição. A crítica interrogativa encontra-se, então, em seu pleno direito. Como o Infinito divino [111] poderia se encerrar em nosso mundo finito, circunscrever-se em um lugar, em um tempo, tomar parte da vida, da carne do corpo? Questões que giram em torno da afirmação da divindade de Cristo.

Então começa a reflexão segunda, sem a qual a crítica seria apenas um dogmatismo imediato, "primário". Reflexão sobre os preconceitos e representações associadas, que armam o debate que se inicia. O que dizemos ao evocar o infinito? Um além, um indefinido, a indeterminação de um poder ilimitado, ilimitado em todos os sentidos, uma potência incondicionada? O conceito é negativo, mas negação do que e como, e o que é o finito do qual o infinito seria ausência, privação? Como, em definitivo, identificar absoluto e infinito se a imagem de uma "transcendência", de um "sempre mais alto", não tem lugar na concepção?

Como se pode ver, a meditação especulativa tornou-se distante, disjunta, das afirmações de fé que a suscitaram. E, em alerta contra as concepções prejulgadas, sobre as recorrências de dogmatismo não provado, ela não conhece nenhuma autoridade exterior nem convencionada. Sabendo que nenhum pensamento positivo, afirmativo, está isento de pressupostos e que nenhuma negação é pura ou abstrata em relação ao que ela nega, a meditação reflexiva conhece somente uma necessidade, a do conceito, de seu sentido rigoroso que ela procura articular adequadamente, aceitando o risco de ostentar seus pressupostos para tentar fundá-los.

Somente em um momento posterior do exercício teológico, somente *se* o pensamento especulativo, em seu deserto árido, restituir aos implícitos da fé uma inteligibilidade nova, consolidada, confirmada, é que a razão se exercerá novamente como pensamento discursivo da revelação. Manifestamente, o labor teológico só é frutuoso se está aberto à elaboração puramente filosófica, sem a qual nenhuma proposição dogmática poderia ser reconhecida, colocada à prova, pensada. Se ele se fechar diante da provação crítica e especulativa, desconfiado em relação a pensamentos "estrangeiros", se ele se recusar a fazer a reminiscência conceitual, seu discurso selado para o descrente será, para o próprio teólogo, repetição fideísta de certezas estranhas ao seu próprio espírito. Ou, se subsistir uma adesão cega ocupando o lugar da certeza, esta jamais conhecerá sua verdade. Por isso a teologia não tem [112] de se liberar *do* pensamento filosófico, mas, em busca de uma concepção nova, em ato de inventividade, ela só é livre para seu próprio trabalho pela filosofia. As oposições fantásticas entre palavra divina e palavra humana, entre querigma e discurso teológico, dependem sempre de uma petição nominalista, ela própria regida pela preconcepção de um absoluto inacessível, estranho à ordem inteligível, numenal, totalmente outro em relação ao Espírito. A não comunicação entre revelação e pensamento dos homens, a disjunção radical entre um Verbo divino — que não iluminaria nenhum homem que viesse a este mundo, mas o cegaria assim que fosse proferido — e um pensamento especulativo condenado à errância significam adequadamente que a fé não sabe nada de verdadeiro. Portanto, é de fato a descrença que desarma a teologia especulativa em comércio necessário com a razão pura filosófica. E, se porventura o teólogo, surdo ao seu próprio pensamento que ele se esforça por imobilizar, constitui um discurso racional, a racionalidade desligada de seus conteúdos conceituais será totalmente formal, coerência exterior, estruturação sobreposta a um dado que lhe é indiferente. Nesse momento, sua obra de formalização poderia, talvez com mais eficácia, ser realizada por um ateu. Onde o formalismo teológico é regra de fé, a fé cede ao seu contrário, a uma hermenêutica ateia dos conteúdos: Feuerbach é neste caso perfeitamente rigoroso, incontestável ao expressar a identidade entre a certeza religiosa e a sua verdade totalmente humana.

A filosofia da religião é assim coincidência com o momento, ou dimensão irredutível, do pensamento especulativo do teólogo. Ela destaca da linguagem a Deus — própria à fé, que responde à palavra divina — a instância necessária, veritativa, da provação de reconhecimento conceitual. A suscitação teológica de seu pensamento livre, liberado de toda autoridade exterior, é impulso reflexivo e crítico para uma renovação filosófica, que é a exigência de verdade. Por isso a filosofia nunca se recolocou em marcha a não ser sob a incitação de uma religião. Ela se esgota, se não for assim, na fastidiosa exegese de seus velhos textos, abandonando o esforço conceitual. Ela não vale mais nem uma hora de esforço.

Entretanto, assim estatuída diante da teologia, que nela se expõe [113] realizando-se a si mesma, a filosofia da religião, na atualidade de seu pensamento especulativo, não é mais uma especialidade aleatória, tampouco um método apropriado a um tipo de "dado" a que se aplicaria a *epoché* fenomenológica. Não apenas, com efeito, ela se exerce em domínios conceituais que são os mesmos da metafísica, de tal modo que é preciso concordar com a afirmação de Hegel: "A filosofia somente explica a si mesma ao pensar a religião". Mas, além disso, o conteúdo conceitual que a religião do espírito manifesto oferece à sua interrogação ilimitada está em estrita homologia com a forma de seu procedimento especulativo. Homologia que vem manifestar a identidade presumida e comprovável entre o que é dado a pensar primeiramente e o próprio pensamento em sua forma refletida. Pois se trata do que se encontra na reflexão do pensamento sobre si mesmo, reflexão sem a qual ele se perderia em palavras ininteligíveis para seu autor.

Que o infinito seja o ilimitado sem ser excluído do finito que ele nega é, formalmente, o que sabe o pensamento sobre si mesmo, em seu esforço crítico e refectivo. O pensamento especulativo é o ato de transgressão de concepções recebidas, não como evasão rumo ao inconceitualizável, mas como despojamento purificador dos preconceitos que alteram ou revogam a necessidade conceitual. Ele é crítica ilimitada que sabe criticar a si mesma, em busca de determinação liberada do dogmatismo confortável do negativo dissolvente. Ele é cadinho de afirmação em sua própria negatividade, e a determinação discursiva que ele desenvolve eleva-se diante do indefinido questionamento em que ele se aboliria em revogação sistemática. Ele somente nega a limitação dos conteúdos para confirmar-se na discursividade positiva. Apreendendo o parentesco original entre seu conteúdo vindo da religião e a forma universal de seu ato, a filosofia é assim busca espiritual da verdade do Espírito absoluto.

2. O espírito absoluto

1. Infinito

O absoluto do espírito não se deixa pensar pelo artifício da representação que é chamado de "passagem ao limite". Passagem presumida e inoperável, como a junção à assímptota ou a realização de uma tarefa infinita. O limite ao qual se "passaria" seria apenas sinal da perfeição do finito, sua realização ou término, perfeição relativa por implicação do além do limite que define. Aqui tampouco o pensamento especulativo procede por "via de eminência", construindo um espelho de nós mesmos, alterado e fantástico. O absoluto é o *Outro* do espírito finito, o outro absolutamente. Por isso o nome divino do espírito é, propriamente, *o infinito*. Que nosso pensamento possa conceber o absoluto do espírito significa — como o indica também seu poder de anamnese — que ele pode o outro de nós mesmos, que ele encerra o outro de si mesmo, mesmo quando o pensamento não nos exprime, nem diz o ator que o exerce, nem conhece a matéria que ele não habita.

Assim, o pensamento do absoluto se esforça por conceber univocamente o espírito, *o espírito absolutamente*, sem falta de si mesmo, sem relação com o que não é espírito. Verifica-se imediatamente que esse esforço conceitual não se distingue e não pode se livrar — a não ser por um artifício metódico — da busca de uma resposta à questão do *ser* [116] *como tal*, do ser absolutamente falando, exclusivamente, do ὄν ᾗ ὄν. São indiscerníveis, por conseguinte, o *ser* como ser e o ilimitado que diz o *infinito*. Essa é a tese inicial: *esse, infinitum et spiritus convertuntur*. Tentemos estabelecer isso claramente.

O ser irrelativo não é nem o resíduo impensado da abstração das diferenças individuais e específicas, nem o denominador comum de tudo o que é, o sujeito indeterminado de toda atribuição. Pois, precisamente, a ideia geral em seu grau zero de compreensão é apenas sinal do nada, do que não pode ser, do impossível impensável. Ser, como verbo copulativo de nossas proposições, é apenas a trilha gramatical, como poder de definir, de uma *potência ilimitada*, do infinito poder ontogênico que o ser como tal significa adequadamente. O absoluto, com efeito, negativamente, irrelativamente, é exclusão de toda dependência ontológica, portanto aquilo que nada limita, em todos os sentidos desse termo. Mas o infinito não significa a indeterminação, apagando no informe a positividade qualitativa, a não ser que nós o assimilemos ao indefinido quantitativo, ao além inacessível do definido, como o último número de uma série "infinita" ou o indivisível do contínuo. Esse é o falso ou "mau" infinito. Assimilação que representa o infinito divino por um delírio da imaginação, como já denunciava Spinoza. A isso é preciso acrescentar que rejeitar toda positividade ao absoluto, e portanto toda verdade, conduz ao mesmo procedimento: ao identificar a negação de toda relação com a privação de ser, reduz-se o absoluto à indeterminação absoluta do Nada, puro e simples. O impossível é aqui indiscernível da impotência absoluta.

É ilimitado, inversamente, em equívoca significação com o indefinido, aquilo que é *potência*, sem medida nem partilha, de toda limitação, de toda determinação, em que ela *se exerce sem reserva*: potência ilimitada, infinita, indistinta do ato puro que a atualiza perfeitamente. É relativo e, portanto, finito, limitado por aquilo que relativiza, o ser que não é o que ele pode ser, que guarda o ser em potência, que não é, em ato, o que ele é. É irrelativo, e portanto ilimitado, o ser infinito que é, absolutamente, por si, isto é, o ser compreendido na onipotência ontogênica, da qual ele é realização perfeita. Em consequência, a potência infinita, concebida como poder ser ilimitado, está longe de nada acrescentar ao ato puro daquilo [117] que é absoluta e irrelativamente pensado, pois ela esclarece com sua verdade totalmente *espiritual* o ser como tal, o ὄν ᾗ ὄν. O ser que é simplesmente ser, para a primeira questão ontológica, se mostra, com efeito, ***absoluta iniciativa*** de si, significando exatamente o absoluto do espírito, origem absoluta de si mesmo, *ser de liberdade em ato*. Por isso o divino é Deus, uma vez que o ser do Ente absoluto significa a infinita potência de seu exercício pleno. Deus é sim o "senhor do ser", como lembrava Schelling, mas o senhorio absoluto não cria nem afastamento nem diferença em relação ao ser que ele faz ser: tal é, ao menos para a ontologia primeira, a imediata consequência da identidade entre o ser e o infinito, identidade exclusiva de sua comum indeterminação privativa.

Disso resulta que o Espírito absoluto é o ser que não poderia ser o dado de um dom. Veremos, porém, que a necessidade de seu conceito puro exige que ele seja pensado em termos de dom, de si a si mesmo, mas sem a passividade de origem que, para o ser-de-dom que nós somos, atesta o mistério de nosso Princípio ontológico e obriga ao recurso da ontologia de nosso espírito, ou seja:

O que torna finito, principialmente, o ser de espírito de cada homem é, identicamente, o que o torna relativo. Relativo mesmo que ele fosse, como na figura adâmica, único e primeiro em seu mundo. A finitude do espírito humano é por impotência ontológica, uma vez que ele é beneficiário do ser que ele é, sem estar, de nenhuma maneira, na origem de si mesmo. Ser-de-dom sem ser iniciativa doadora, ontodoadora, ele não pode — segundo a representação da reflexão — "dar a volta sobre si mesmo", fechar o círculo reflexivo. A mancha cega, dizíamos nós, rompe o círculo, *limita*, corta de si. A ilimitação da infinidade positiva do ato de ser, simbolizada pela circularidade sem abertura nem secante, significa o Outro, o outro absoluto. Nativamente dado a si mesmo, o ser de nosso espírito é um puro relativo, em sua liberdade mesma, na e pela finitude assinalada por sua origem estrangeira, que o entreabre para sua insondável raiz ontológica.

Dessa limitação originária de nosso espírito, congenial impotência ontogênica, derivam, inexoravelmente, todas as outras, todas as marcas da finitude. A inatualidade ontológica de nosso [118] espírito se transcreve na indelével diferença de nosso ser substancial, substância prometida à ipseidade, ao ser-sujeito, mas que este jamais atualiza, a despeito da assunção do ser-a-si, tentada em todo acréscimo de autonomia. Por isso, permanecemos ocultos a nós mesmos, e o desejo de vir a ser o que se é dá de encontro com a indeterminação de nosso destino, a adensar a obscuridade de nossa origem. Por conseguinte, a fragilidade ontogênica de quem dispõe, porém, de seu ser gratuitamente presente desde o começo da existência, e que proíbe atualizar para e por nós mesmos nosso ser em potência, implica nossa presença inatual no outro do espírito, na vida natural em que estamos, desde o início em segredo, e da qual não podemos nos libertar. Ser-de-dom, nós nos conhecemos em dívida de nosso ser, na obrigação de restituir. Deus não tem obrigação nenhuma, tudo dele é graça gratuita. Em busca de nós mesmos, em exigência de dom, nós somos assim abertos ao nosso mundo, e nossa existência, não podendo ser uma perfeita coletânea de nosso ser, em independência espiritual plena, está exposta à exterioridade natural e material. A expansão efusiva do espírito, uma vez que ela excede a potência de interioridade reflexiva, se exala no espaço exterior de um universo limitado, finito, esgota-se nos espaços sem almas.

Fora de nós mesmos, contudo, a exterioridade é o local de encontro de espírito com espírito, nas aventuras da existência, em que nossos semelhantes oferecem a presença espiritual de seu ser próprio, expresso sobre seus corpos. Multiplicidade das almas, a cada vez insubstituíveis, mas cuja singularidade pessoal é carregada de particularidade ontológica, substancial, que torna possível e real a indefinida pluralidade de todas elas, nas distâncias das diferenças do ser de cada uma, e no afastamento de suas vidas, que limitam para sempre a proximidade dos espíritos. Finito, o espírito humano vive sufocado em seu mundo fechado, no qual ele existe fora de si mesmo, ameaçado e frágil, reiterando a cada momento de sua vida a infelicidade da consciência. Porque ele é espírito, ele é ferido pelos limites e pela matéria opaca do mundo. Grande demais para si, ele é aspiração de alcançar sua origem espiritual. Porque ele é finito, ele é engajado em uma lógica do dom, mesmo quando ele se encontra encerrado em si mesmo, quando a existência permanece como isolamento e a vida espiritual, nostalgia de comunhão. Mas [119] a infelicidade da consciência não poderia suprimir a alegria de existir, a menos que se esqueça, na consciência alterada por todo desvio e divertimento, o assombroso paradoxo, *o privilégio que somos de ser espírito sem sermos infinito.* A graciosidade total do dom que somos se expressa inteiramente pelo fato de ir além, dado que existimos, da necessidade do conceito puro do espírito que implica o infinito de si mesmo.

Absolutamente outro é o espírito infinito, sem um mundo, nem a natureza, nem a multiplicidade de si mesmo. Ele é a onipotência em ato em seu ser. É importante aqui insurgir-se contra as imagens que afetam o conceito de limite representado na exterioridade. O infinito não poderia ser visto, identificado, reconhecido em sua forma, designado em sua configuração. Toda presença sensível lhe é proibida, impossível. Por isso, pensamos nós habitualmente, ele é invisível, insensível, está fora de qualquer lugar. De algum modo, ele estaria ausente de um mundo demasiadamente estreito para ele, além de seus limites, além de suas fronteiras. No entanto, o que não se pode ver e que é não localizável, que está fora dos fenômenos, encontra-se seja demasiadamente longe, seja demasiadamente perto, mas sempre inacessível. Em consequência, no mesmo jogo de representação, o infinito se diz tanto sobre o além inexplorável quanto sobre o aquém inapreensível[1]. Simples observação que nos permite, no entanto, corrigir a famosa alternativa formulada por Hegel, visando revogar a exclusão recíproca do finito e do infinito, que interditava a presença de Deus ao homem, sob pretexto de enaltecer a transcendência do "Altíssimo". Recordemos a alternativa:

Ou o infinito é o além do finito. Neste caso, excluído pela limitação do finito, ele próprio é limitado por essa fronteira comum insuperável e, com isso, ele é finito. Ao querer identificar o divino com o transcendente inacessível, somos pegos em flagrante delito de antropomorfismo.

Ou o infinito é negação do finito que ele compreende em si mesmo apagando seu limite. Neste caso, o infinito carrega em si o finito que ele [120] nega e, em termos teológicos, o Espírito absoluto é eterna redenção do homem-Deus.

Evidentemente, Hegel escolhe a segunda alternativa, única maneira de manter o direito do conceito de infinito e de refutar ao mesmo tempo

1. A famosa expressão latina: *non coerceri maximo, contineri tamen a minimo, divinum est*, não deve deixar de ser meditada. Cf. G. Fessard, *Les exercices spirituels de saint Ignace de Loyola*, I. Paris: Aubier, 1956, p. 164 ss.

as objeções ao cristianismo. Mas a representação espacial do limite pesa a tal ponto sobre a concepção, que ela captura em sua armadilha o rigor especulativo de nosso autor, impedindo-o de conceder à necessidade do conceito seu pleno direito. Pois a "negação do finito" na qual, literalmente, se resolve o in-finito, se diz *em um duplo sentido*: no sentido do menor e do maior, no sentido da "superação" e no do recuo ou recolhimento. Ora, converter a superação "para além", figurada como superação de uma fronteira, em uma negação da determinação, da limitação ontológica, isto é, em uma negação da negação, como ato reduplicado, só se opera em um sentido único: aquele em que o finito é transgredido, negado, carregado e incluído no ato de transgressão. Desse modo, apaga-se da exposição ontológica o sentido inverso: aquele em que o finito é interiorizado, seu limite negado e carregado para dentro, rumo ao centro, como se passa a fronteira, inversamente, do exterior rumo ao interior. Longe de purificar-se da representação, a concepção permanece cúmplice dela, pois a negação da negação é pensada unilateralmente. Expliquemos este ponto decisivo.

Substituir ao além do limite — além que, é verdade, aí se limita — a passagem transgressiva que ilimita, nega o que a nega, compreende em si o obstáculo vencido, "infinitiza" o finito, permanece refazimento conceitual de uma única face, unilateralmente. Sem dúvida, as representações que contrafazem o conceito de infinito são conjuradas. A do mar sem margem, do qual toda limitação é apagada, a indeterminação absoluta para a qual plenitude insondável ou nada são indiscerníveis. A do inacessível, que está além de todo limite, que é o mero indefinido limitado à margem do mundo. Mas a substituição da indeterminação e do indefinido pela negação do finito deve, para ser adequada à sua necessidade, operar não apenas do interior para o exterior, mas também do exterior para o interior. A ilimitação que "infinitiza" é pensada na direção do recolhimento que interioriza, [121] tanto quanto na direção do que ultrapassa, do centro rumo ao além. E certamente, fixado na convenção do círculo, Hegel nos diz que a negação da negação é retorno reflexivo, "contragolpe" que restitui ao princípio, mas o círculo se fecha apenas em um sentido, segundo o unívoco encadeamento da posição que limita, determina a potência originária, e da negação da negação que reconduz a determinação à origem. Mas esse encadeamento unívoco impede que se compreenda a simultaneidade, exatamente a identidade do ato de dupla direção que é o espírito infinito. Que o ponto de partida possa, no círculo, ser indiferentemente escolhido — "círculo de círculos" — não muda nada nisso. É a imagem do ritmo de dois movimentos contrários que é representação conforme, como o entendia Schelling: do centro na direção do além da periferia que nele se nega, do além rumo ao centro. Ou então, para permanecer na simbólica circular, o infinito é duplo percurso inverso, a ser pensado na unidade de um mesmo ato.

Em outras palavras, precisamos não somente purificar a representação do além do mundo para pensar o infinito, mas também a do aquém, precipitadamente identificado ao símbolo da finitude. Pois o aquém não é nosso universo possuído, tampouco a propriedade totalmente humana do ser de nosso espírito. O aquém do mundo é o aquém de nós mesmos, o inacessível na profundidade da reflexão íntima, a insondável raiz de nós mesmos, no âmago da interioridade, no recolhimento espiritual. Preciosa é a prescrição de Gabriel Marcel de substituir, imagem por imagem, o círculo que figura a posse de si, luminoso como a autotransparência da consciência, pelo círculo obscuro em seu centro, na profundidade de si mesmo, que figura a insciência da origem, no âmago da consciência de si. Em consequência, reencontramos, no esforço de recobrar o pleno sentido conceitual do infinito, a inspiração espiritual transgredindo o limite interior da conversão a si, e que inverte a expiração efusiva que ultrapassa o limite exterior da expressão de nós mesmos. Dupla direção invertida do ato espiritual, que recobra seu sentido completo ao dizer adequadamente o infinito do Espírito absoluto, significando a dupla e recíproca ilimitação [122] na qual "se infinitiza" o espírito. É preciso primeiramente aceitar a precisão sucessiva. Mas restituindo, para abandonar as imagens cinéticas e ao mesmo tempo relacionar a ontologia primeira à pneumatologia, a equivalência da limitação com a impotência ontogênica e, correlativamente, do infinito com a onipotência de ser:

— A expiração efusiva infinitiza, afirmando-se no outro de si. Mas o mesmo de si que aí se nega é a potência que seria apenas poder-ser, a pura identidade consigo mesma da potência impotente. O

Espírito absoluto é assim completa afirmação de si, em seu ato que o atualiza sem reserva, sem limite de indeterminação.

— A inspiração infusiva infinitiza, confirmando-se na determinação de seu ato, identificando-se com a origem absoluta de si. Mas o outro de si que aí se nega é o ser que seria apenas Natureza determinada, ou espírito finito, na impotência de ser por si mesmo. O Espírito absoluto é assim restituição de si, em sua onipotência exercida, identificada ao seu ato, sem limite de passividade original.

— Assim a negação formalmente justaposta à palavra, in-finito, somente o é por uma leitura invertida, leitura de ato em termos de efeito, de potência em termos de indeterminação. A infinidade do espírito diz o absoluto da potência no ato puro, e o ato absoluto de determinação ontológica que é a potência ontogênica ilimitada. Ou a limitação negada, que exprime a infinidade espiritual, se concebe como diferença qualitativa, no âmago do ato que nega duplamente a limitação, no momento mesmo em que ele próprio se afirma nela.

Talvez uma imagem ainda seja conveniente aqui. A do mar que se retrai para fazer aparecer sobre a areia o limite de seu fluxo, figura aparente que, para aparecer, no refluxo, deve ser ultrapassada quando ela se forma. Limite resultante, portanto, de uma contracorrente de ilimitação, do ato em sua potência e da potência em seu ato, do diferente pelo idêntico, e do idêntico pelo diferente, do outro pelo mesmo e nele, do mesmo em e a despeito do outro.

Estamos em um jogo no qual nada está em jogo, em um movimento de palavras de valências contrárias, em uma abstração de signos? De modo algum. Procuramos precisar as necessidades do sentido, de sua lógica [123] ontológica. E, se o infinito do espírito absoluto parece ter sido enunciado apenas no éter da lógica do sentido, é sem dúvida por falta de pensar mais profundamente, na completa concreção do pensamento conceitual, o absoluto do ser que é o espírito infinito. O primeiro passo é exorcizar a representação do sucessivo das duas "funções" de um mesmo ato. Sucessão que tende a reduzir o duplo sentido do infinito à alternância de movimentos. Alternância cúmplice da contradição entre finito e infinito, pois, em cada sentido, o infinito espera por seu outro para apresentar sua verdade. Ora, dispomos, fazendo o balanço claro dessas primeiras análises, de um conceito que reúne a *identidade das duas significações inversas,* ao mesmo tempo em que convém rigorosamente à equivalência do espiritual e do ontológico: o *ato*.

Do ato, singularmente, conhecemos o absoluto que desafia nossos atos, em cada caso de iniciativa, de escolha, de querer efetivo, quando "passamos ao ato". Sabemos, com efeito, que *o ato possui duas vertentes*, mesmo quando experimentamos duplamente, mas simultaneamente, a fragilidade de nossa finitude.

Atualizar um poder é dar forma ao informe, determinar o indeterminado. É, portanto, "sair" da potência indecisa: o ato é forma na qual se manifesta minha liberdade. Manifestação que me exprime ao transgredir realmente o possível, desvelando meu segredo, o ser em potência que eu guardo em mim. Portanto, eu me realizo, me atualizo ao me desprender da potência interior, cadinho da forma do ato. No *mesmo* golpe, no momento em que me identifico ao ato, ao exercício determinado de meu poder, eu me distingo dele, me isento dele, permaneço como seu outro. Caso contrário, eu estaria totalmente fora, esgotado na expressa manifestação de mim mesmo. Por isso eu nunca sou aquilo que eu faço, penso e exprimo. Por isso não posso ser, absolutamente, em ato. Eu o seria caso eu passasse sem resto na manifestação atual, no ato em forma, reunindo a mim, para mim, na interioridade inalienável, inexpugnável, na qual estou sozinho e inteiro como em minha casa, a expressão que me coloca a descoberto, me executa nela, me entrega, torna-me outro. Para isso seria preciso que eu fosse, em ato, tudo o que sou em potência, tudo o que posso ser. Em outras palavras, seria preciso que eu desse meu ser em meu ato, [124] sem deixar de dispor de mim, sem tornar-me outro ou entregue, por assim dizer, como presa na exterioridade.

Assim, em e pelo ato, eu sou identificado, conhecido, reconhecido, atribuído à forma determinada do querer em ato que me compromete e me fixa. Mas, precisamente, nele eu sou exposto, definido, finito, ao mesmo tempo em que não posso me identificar, não posso me reconhecer por inteiro nele. Certamente, assumo meu ato, que só é livre se sei que estou nele, detendo sozinho o direito de autor pelo exclusivo privilégio de sua iniciativa. Não há ato de liberdade que não seja saber do poder de seu autor em exercício, e que não implique a assunção reflexiva. Mas eu nunca o habito sem reserva nem distância, e se eu posso lamentá-lo ou negá-lo, no momento mesmo em que eu respondo por ele sozinho, é porque ele não é perfeitamente ato, reserva o ser em potência em si mesmo, contém a insuficiência e a imperfeição do aleatório. Ele é finito, limitado, na exata medida em que eu posso e sou outros atos, diferentes e múltiplos, em que ele não é o que eu sou, substancialmente.

Introduzamos agora o absoluto, em seu rigoroso conceito. Irrelativo, o absoluto é, em seu ser, sua própria e exclusiva origem. Isso equivale a dizer, positivamente, que ele é potência infinita de si mesmo, o que significa adequadamente, nós o vimos, que ele é potência sem ser em potência, ato perfeitamente ato de seu poder ser ilimitado. Em consequência, ato puro de si mesmo, ele é identicamente negação de toda limitação e saber de si, da potência infinita de ser, na forma de seu ato. A *operatio* e o *esse* não têm mais entre si a distância ontológica, de maneira que *perfeição* e *infinidade* se tornam recíprocas, equivalentes, intercambiáveis, enquanto a limitação do finito atesta a imperfeição do ato. E é por não ter apreendido a identidade do infinito e da potência de ser ilimitada que a dialética do *Filebo* de Platão atribuía a perfeição à forma definida do finito.

Entretanto, infinito e perfeição são pensados em reciprocidade somente se permanecem discerníveis, diferentes, no âmago de sua identidade. O que significa a expressão perfeita de si no ato, no momento em que o ato puro é absoluto saber de si, reflexão nele do ilimitado, potência infinita em exercício pleno no qual ela se identifica adequadamente, em sua manifestação total. Origem absoluta de si, Princípio sem princípio [125] de seu ato, em que o infinito só se exprime recolhendo-se em si absolutamente. Autoidentificação contemporânea, deve-se dizer, sem sucessão de alternância, da automanifestação ilimitando por sua efusão infinita toda relatividade de expressão. Assim, a forma pura do ser absolutamente em ato é a necessidade de seu conteúdo que é, do começo ao fim, absoluta liberdade em sua infinita potência ontogênica. Liberdade em seu duplo sentido, posição ontológica de si, transgredindo toda limitação de *expressão* atual no saber absoluto de si, no *recolhimento* sem resto, na origem incondicionada, no Começo sem começo, sendo a raiz totalmente oferecida em seu fruto no momento em que este a inhabita infinitamente, nela se recolhe sem reserva. Assim, o ato de ser se sabe em seu Princípio, Princípio que no ato se entrega sem reserva. E toda representação se apaga quando se negam reciprocamente as imagens da superação externa e da superação interna, na coincidência, na superposição do maior e do menor, na adequação do íntimo e do sublime, na identidade das diferenças do ser e de seu autossaber.

Por isso o desejo fascinante de ser Deus, de se identificar com o infinito do espírito absoluto, para nós obtém realização apenas no *suicídio*. Não apenas porque este é desafio efetivo à vida natural que relativiza o espírito finito, mas sobretudo porque a morte, como interrupção da existência, se apresenta como o ato puramente singular, exclusivo, de mim mesmo, no qual passo por inteiro na transparência a si, quando a autopossessão coincide com a expressão do Único que eu sou[2]. Mas, precisamente, a fruição de si no ato puro é proibida. O saber lúcido é breve demais para a morte, e esta o apaga junto consigo. O querer luciferista provoca somente queda no nada, a vontade de potência e de consciência transparente sendo anulada pela impotência do espírito finito.

Esse primeiro passo do refazimento conceitual introduz ao segundo, suscitado, sugerido pelo pensamento do cristianismo em sua afirmação do Verbo divino. Afirmação que se dá como novo fio condutor. Exatamente, o infinito do espírito, que se enuncia no duplo sentido [126] do ato de ser, ganhou a verdade de seu enunciado especulativo nos termos da Expressão de si.

Necessariamente, com efeito, a dupla instância da expressão e da reflexão, da manifestação e do recolhimento, unia-se à concepção da infinita potência em ato, da absoluta liberdade do Espírito absoluto. É porque somente estes termos significam a exposição sem reservas da onipotência no âmago de seu absoluto saber. Mas a referência deles a nós mesmos bloqueia sua adequação ao Espírito absoluto, mesmo se, do modo mais decisivo, eles evocam o que nossa finitude revoga, na impotência, averiguada a cada

2. O que é expresso pelo personagem de Tchen, em *La condition humaine* de André MALRAUX.

passo de nossa existência, de manifestar o que somos, e de nos conhecermos na expressão de nosso ser. Ou eu me ofereço a compreender em minha expressividade, mas ela é acessível apenas para o outro e selada para mim mesmo: eu ignoro a mim mesmo em minha manifestação. Ou então eu me exprimo em meus atos, minhas escolhas, meu comportamento, mas eu sou e permaneço aquém e além do que faço: eu sou outro que minhas escolhas, minha vontade expressa, outro que meus sucessos e meus fracassos. Ou ainda eu penso aquilo que não sou eu e o digo, expondo em minhas opiniões e em meu discurso o que sei e aquilo que creio, mas eu somente ganho em necessidade, em verdade, à medida de minha reserva, do silêncio que imponho à minha subjetividade: eu não sou aquilo que penso. Impotência de aparecer, na incapacidade de me conhecer. Impotência de fazer, na incapacidade de me dar aos meus atos e de me autentificar neles. Impotência de pensar sem tomar toda a distância entre meu pensamento e mim mesmo.

Contudo, eu sei, por um saber totalmente diferente daquilo que eu sei de mim, o que me interdita de estar o mais próximo de mim quando estou totalmente oferecido ao exterior. É porque meu poder de exprimir o que sou, de me identificar no que faço, de me fazer um só com o que preciso pensar, é limitado, finito, nos limites de meu ser, que eu não construí. Meu ser dado que não pode fazer-se um com seu ato, seu fazer, seu pensamento, que opera sem equivaler à sua operação. Isso porque não sustento em meus ombros o que sou, quando eu me exprimo, ajo, penso; não sou o que sou por minha própria potência de ser; meu ser é relativo e relativiza toda manifestação, expressão, comunicação. Apesar de tudo, o essencial da reflexão está na [127] melhor parte de meu pensamento expresso: eu sei melhor o que penso quando sou capaz de dizê-lo com necessidade, na distinta clareza. O saber do saber é tanto mais garantido quanto o saber se entrega — se diz, se escreve, se comunica — na facilidade de exposição. A inteligência se expõe à medida da intuição de si mesma, se cala, reciprocamente, à medida de sua manifestação expressa. O infinito deixa nela o seu rastro, em seus dois sentidos contemporâneos: a expressão de si que transgride toda limitação de linguagem, a reflexão sobre si mesmo que trans-forma, no íntimo, a determinação em ato de si mesmo.

Introduzir o absoluto do espírito no balanço de nossa manifestação é pensar a potência infinita de ser a expressão de si. Do ser na unidade da expressividade e da linguagem, na identidade do infinito e do verbo. Se, no momento em que exponho universalmente o que penso, eu exprimisse singularmente o que sou, se, em minha ação manifesta, eu atualizasse sem resto a substância de meu ser, então eu apareceria absolutamente em minha manifestação, no mesmo momento em que eu seria seu absoluto saber refletido. Desse modo, o verbo divino é concebido necessariamente, necessidade do absoluto em seu conceito rigoroso, como a infinita potência em ato, identicamente manifesto e recolhido em sua Origem, absolutamente expresso e perfeitamente refletido no Princípio. Nenhum limite, nenhuma limitação, nem da expressão nem da reflexão, mas potência ilimitada, atualizada em seu Fruto, no qual ela se sabe, em pura transparência.

Segundo passo: do ato de ser ao verbo que é verdade da infinita potência espiritual. Entretanto, a concepção completa do infinito não está concluída. Essa falta de conclusão é patente na interrogação renovada: qual é a exata significação da expressão absoluta de si, uma vez que ela contradiz o insondável Segredo do Absoluto, o desafio do silêncio do qual o Espírito absoluto dispõe absolutamente em sua total liberdade? Mas se poderá dar um último passo, no mesmo lugar teológico, se pudermos conceitualmente retomar o enunciado da "geração" do Verbo: "Gerado, não criado": *a criação dando o que o criador não é, a geração é* dom *de todo o ser de seu Princípio, infinitamente.*

Infinitamente, sem limitação de si mesmo. O que significa, em termos adequados, [128] a infinidade do espírito. Se, com efeito, o verbo é verdade do ato puro, atualizando a infinita potência de ser, o *dom de si* é verdade do engendramento absoluto do verbo. No verbo aparece a onipotência que se identifica ao seu ato, que se autentifica nele. Ela se dá nele, por conseguinte, sem limite de si nem do dom. O que isso significa? É preciso aqui forçar a concepção até o esgotamento de seu sentido, tanto quanto é possível ao pensamento infirmado pela finitude espiritual.

A potência infinita se torna ato em seu verbo que, absolutamente, a exprime. Portanto que exprime, como a semente carrega no âmago do fruto a potência que gera o fruto, o próprio Princípio ontogênico. A Expressão infinita é assim *dom da onipotência do dom*. Por isso, e somente neste sentido, ela própria é divina: nela, que é o Outro, o mesmo está presente, em posse completa da infinita potência. E o Outro só é o mesmo, no apagamento da pura passividade de dom-dado, mediante o ato de dar em troca na redição de si, do Princípio que ele exprime, da onipotência que ele diz e atualiza, à Origem que ele detém mas que ele entrega. Troca absoluta que é ritmo da divindade da Vida do espírito. Em consequência, a identidade do absoluto consigo mesmo, que é tudo o que ele pode ser enquanto pode infinitamente, é pela diferença do dar ao dado no qual o dar se dá, diferença que se apaga na restituição recíproca absoluta, indiscernível da reflexão que é imanente à expressão pura.

Negativamente e, portanto, antropomorficamente, condicionalmente, segundo a lógica de nossa fragilidade ontogênica, a potência de ser seria alienada em seu ato, perdida em seu fruto, ignorando-se em sua expressão, se ela não se depositasse nele, se ela não se entregasse nele sem reservas. Mas, ao se entregar sem reservas, ela se recupera e se sabe absolutamente somente pela recíproca do dom que apaga toda passividade e esterilidade do dado. Será preciso acrescentar, para traduzir a necessidade em seu contrário de absoluta liberdade, mas correndo o risco de exagerar o antropomorfismo espiritual, que a absoluta gratuidade do dom é risco de se perder, e que o desafio é ganho pela infinita restituição, em troca? Ou que o amor é vitorioso somente se a infinita efusão de si mesmo provoca a abnegação de seu próprio fruto? Mas a lógica do espírito [129] infinito, por ser lógica do dom absoluto de si, se enuncia em termos que contradizem a usurpação. É usurpado aquilo que, possuído sem direito, não pode ser devolvido. A onipotência dada, entregue ao seu ato expressivo não é usurpada, precisamente porque ela é dada. Por isso ela não é guardada, detida, mas exercida absolutamente em restituição, em troca. A recusa de si é totalmente humana, porque atesta e acusa a impotência, a esterilidade. Então, a não reciprocidade divide, dilacera. Mas precisamente não há nem partição nem ablação quando o dom de si é infinito, sem limite partitivo nem reserva para si. Somente então, e portanto no Único do divino, é perfeita a reciprocidade, graças ao infinito do dom que é verdade do Espírito absoluto. Por ela é dada e reconhecida a absoluta iniciativa do Princípio que confirma o eterno engendramento do verbo.

2. Criador

Pensar o infinito do espírito, no rigor da lógica especulativa de seu conceito, provoca uma última conversão das categorias ontológicas. Mas desta vez radicalmente, no nível do princípio da apresentação sistemática das categorias, em que o absoluto exige situar-se, e não na esfera antropológica abstratamente considerada anteriormente. Pois, precisamente, é o próprio conceito de "princípio" que, deportado de sua função formal para seu lugar metafísico, reconquista a verdade da absoluta iniciativa espiritual. Geralmente, assim que tentamos purificar o "princípio" de toda relatividade — no triplo registro semântico daquilo que comanda, começa e explica — nós redobramos o termo com sua negação, conforme ao irrelativo: princípio sem princípio. Mas eis que somos obrigados ao redobramento positivo para manter o sentido pleno do absoluto do espírito: princípio *do* princípio, o conceito de dom exigindo, além disso, pela implicação da troca recíproca, o duplo sentido do genitivo, objetivo e subjetivo. Desse modo, se evocamos o uso formal, precisamos dizer que o Princípio está por inteiro na Consequência, ou então que ele deve ser contado duas vezes: Princípio que é dom absoluto de si mesmo, *communicatio sui* sem reserva, *e* Princípio do dom recíproco, [130] redição do ato da onipotência à Origem, reflexão infinita da Expressão em seu Princípio. O uno, Princípio "sem princípio", mas que se dá absolutamente; o outro, Princípio que se entrega de volta, na absoluta lógica do dom. A identidade do Uno existe assim por sua interna diferença, que se apaga no absoluto de si mesma, não por fatal necessidade de uma negatividade redobrada, mas pelo infinito da efusão espiritual que une a absoluta reflexão com a iniciativa original. Em consequência, a abnegação de si não passa de uma leitura atrasada, imobilizada pelos contrários da recusa, do fechamento sobre si mesmo — portanto em termos antropológicos — do dom absoluto, que é dom de seu próprio ato principial, na total positividade de sua potência ontogênica em ato.

Somos então remetidos à ontologia do espírito humano, à sua questão decisiva deixada em suspenso, a da Origem de nosso ser de espírito. Interrogação inscrita no âmago de nossa existência, no cerne de sua demanda espiritual, dado que se verificou como absurda toda expressão do gênero "engendramento do homem pelo homem". Mas quando o "princípio" é reconduzido à sua verdade, à absoluta liberdade do espírito em seu ato de dom infinito, a própria interrogação se renova nos termos das categorias da antropologia espiritual. Esta última, substituindo as categorias neutras da ontologia aristotélica por sua qualificação ontodorológica, exige a adequada tradução do *Fundamento*. Radical e regenerada, a questão metafísica do Fundamento, da Origem de nosso ser, é primeiramente a exclusão rigorosa de suas clássicas respostas em termos de necessidade formal.

O dom que é nosso ser de espírito era analisado em seu sentido passivo, ser do ser-dado, dado a si mesmo. Mas um dom ontológico é inassimilável ao *resultado* de um processo, em qualquer registro de interpretação em que ele seja enunciado. Ele não é nem o que deriva, nem o que provém, nem o que se deduz. Toda solução de continuidade, expressa em termos de necessidade e de efusão, de causalidade invencível ou de desistência por superabundância, de racionalidade explícita ou de abandono indiferente, adere às representações hierárquicas da degradação, perda, desnivelamento. Do Uno ao múltiplo, da [131] causa ao efeito, do princípio à consequência, da luz ao reflexo, do real à aparência, tenta-se dizer, em todo registro, lógico ou simbólico, a passagem do mais para o menos, da suficiência para a deficiência ontológica, do ser pleno ao esmaecimento de ser. Queda ou moedagem, deformação ou metamorfose, divisão, multiplicação, derivação ou desimplicação, exprimem o enfraquecido na identidade, a alteração do mesmo. Mas o espírito finito não é o infinito degradado ou alterado. Ele é um *outro* ser, dado a si mesmo.

O ser-de-dom, certamente, é interrogação de sua origem, mas nenhuma resposta em termos de sombra inútil ou de condescendência aleatória está à altura da pergunta. Nesses termos, esta simplesmente é evitada e substituída. Substitui-se pela aparência, pelo reflexo, pelo farrapo inconsistente, quando o ser de espírito está em causa, em sua consistência ontológica. Tampouco se honra a questão alegando a necessidade de uma causa ou de um Princípio formal. Uma vez que se trata do dom, portanto da gratuidade. E de um dom de liberdade, portanto de uma inovação ontológica. O ato doador dá gratuitamente, isto é, *absolutamente*, o ser-outro dado a si mesmo. O ser dado não é nem um grau, nem uma parte, nem uma implicação do doador. Caso contrário, o ser seria retido, contido, incluído. Ele seria parte, aparente ou real, do Mesmo. Ele não seria dado a si e para si mesmo, absolutamente, em sua insubstituível alteridade. Mas se o ser de espírito não é um grau a menos ele tampouco é um grau a mais. Ele é, portanto, sem preliminar, sem preparação, sem pressuposição de si mesmo. Ao não pressupor nada de si mesmo, pressupondo exclusivamente o absoluto do ato que o faz ser, ele é, eis a única palavra adequada e unívoca, *criado*. O dom do ser de espírito é criação.

Para evitar tomar a palavra do vocabulário religioso, os filósofos alteraram e amputaram a questão metafísica da origem. Eles quiseram *neutralizar*, velando com um pudor formal os enunciados, o sentido verdadeiro do ato de dom. Em vez da exigência de uma fonte ontológica do espírito, eles apelaram para o "fundamento", para o "princípio de razão". Mas dar não é fundar, que se inscreve nos esquemas de construção ou de constituição. Funda-se um edifício, constitui-se um sistema ou uma república, mas não um ser de espírito [132] substancial. Então foi preciso recorrer às metáforas negativas, excluir as imagens e sua falta de sentido. Nisso Schelling será mestre: do *Grund* ao *Un-Grund*, ao *Ur-Grund*, era preciso admitir o tema do fundamento e denunciar sua total inadequação, para murmurar a palavra proscrita, criação. O Princípio de Razão, determinante ou suficiente, não traduz melhor o ato de dom. Ele traduz apenas a inadequação da racionalidade, da *causa sive ratio*. Ele afirma que é preciso explicar, levantar o véu, encontrar o sentido. Mas a Razão se expõe ao substituir a absoluta gratuidade por uma necessidade relativa, que subordina uma dedução contingente à hipótese incrustada. Desse modo, Leibniz formula um discurso metafísico com meias palavras, para preservar a liberdade do criador, sem os termos adequados do Espírito que dá o ser de espírito. Por fim, a causalidade, diversificada em suas instâncias aristotélicas, não podia definir a verdade do dom, a menos, precisamente, que se descobrisse na criação a verdade da quádrupla expressão causal: formal (segundo a essência constitutiva), material (segundo o ser de espírito), eficiente (segundo a inovação ontológica), final (segundo a destinação espiritual). Haverá algum tipo de amenização, de astúcia, no uso do verbo "criar" empregando-se um verbo mais discreto, mais neutro, "pôr". Mas Hegel jamais dirá claramente que o *Setzen* é um *Geben*, que o *gesetzsein* é um *gegebensein*. Temendo as representações da fabricação, ele preferirá a indecisão de uma palavra tomada da forma dos juízos (*modus ponens*). E o verbo "fazer", deixado à sua indeterminação, apenas preencherá um vazio com uma palavra, mesmo quando se quiser evitar a alusão à fabricação da obra dizendo "*facere ex nihilo*", mesmo quando se quiser excluir duplamente a Coisa e sua ausência ao evocar junto com Jankélévitch a improvisação do "fazer". Para dizer "dar o ser", univocamente, dar o ser-dado a ele mesmo, é preciso dizer "*criar*".

Por isso o conceito de criação é *filosófico* de pleno direito. Pouco importa que ele seja oferecido pela Bíblia à ontologia: somente ele diz em um único verbo ativo, dar o ser de espírito. Ele parece ter sido tomado de uma teologia insinuada, por petição mal disfarçada, somente se a ontologia do humano não puder ser exposta em uma ontodorologia do espírito. Pois nesse caso será preciso alegar uma onipotência em ação. Duns Scot mostra muito bem então que esta não pode ser deduzida, concluída [133] *a priori* do divino nem *a posteriori* do mundo. Seria necessária a revelação do próprio criador. Mas, justamente, a antropologia scotista mantém distância de uma ontologia do dom. E o ser-de-dom é interrogação sobre o dom do ser. Interrogação que encontra uma resposta à sua medida, melhor ainda, à sua desmedida, assim que o Espírito absoluto, pensado em sua infinidade, na ilimitação de sua potência ontogênica, é afirmado pela mediação especulativa na prova ontológica.

No entanto, a criação é um conceito filosófico na medida em que ele é exclusivo de seus usos derivados, em falsas analogias ou em uma patente apropriação prometeica. Numa época em que se esgota a inventividade, compensamos a esterilidade com as palavras, falando abundantemente de "criação" ou, antes, de "criatividade", pois uma potência é tão mais mencionada quanto suas obras não podem ser mostradas... Mas é no mimetizar o divino, no construir o homem como ilusório espelho de Deus, que toda vontade de potência se exerce, dizendo aos brados ser o homem autor do homem, o homem "criador" que não é nada e deve ser alguma coisa. Feuerbach fornecerá aqui o modelo teomórfico para a interpretação antropológica da criação divina. Então, a palavra se torna propriamente ideológica, serva de uma religião secular. Assim, em seu rigor sistemático, o humanismo resoluto, ao proclamar a autossuficiência do *solus homo*, anexa com escárnio o conceito de criação. Aceitável, sem dúvida, continua sendo o emprego do vocábulo no caso da obra de arte. Mas sob a condição, necessária, de seu uso *negativo*, exclusivo da cópia, da aplicação única de uma técnica, ou da simples atuação de um talento; entretanto, na verdade, seria preciso dizer o que, no artista, é mais que sua consciência, seu saber, seu projeto, e que é designado positivamente por "inspiração", segundo o vocabulário do espírito. Seja como for, permanece, na pura necessidade do sentido conceitual, que "criação" é um conceito *unívoco*. É essa univocidade que é mantida na expressão completa: *creatio ex nihilo*.

Será convenção verbal? O "*ex* (ou *de*) *nihilo*" possuiria apenas uma função exclusiva, guardando o direito reservado a Deus de "fazer ser" sem matéria prévia, sem estado caótico pressuposto, sem sequer responder a algum "apelo de ser"? Os teólogos, com efeito, obstinaram-se em enfatizar o princípio de exclusão da fórmula, precisando, [134] como Santo Tomás, que o "*ex*" devia ser entendido *secundum ordinem*[3] e não para designar uma proveniência ou material pressuposto. Outros, como Duns Scot, mostrarão que a expressão designa a completa contingência da criatura: como nada na essência desta exige o ser, é preciso dizer, para salientar a absoluta graciosidade da criação, que esta remedeia esse nada de necessidade[4]. Em todos os casos, é preciso evitar conferir qualquer positividade, por mais infinitesimal que seja, ao nada em relação ao qual criar enuncia um desafio vencido pela onipotência. Vejamos mais de perto:

O sentido exclusivo só possui o vigor radical do "tudo ou nada" se ele exprime o avesso negativo do *dom*, mantendo sua positividade ontológica, inassimilável, sem analogia. Tomado, com efeito, em seu sentido original de dom de ser e do ser, indivisivelmente, e que, fora do registro derivado do ter e das coisas, não pressupõe *nada*, absolutamente: nenhuma condição prévia, nem direito, nem parte de si mesmo, nem convite ou inclinação, nem pré-formação ou começo que relativizaria seu aparecimento ontológico. Por isso o dom é tudo ou nada, *uno ictu, totum simul*. E não é por analogia formal que é preciso dizer sobre o dom o que Descartes dizia sobre a liberdade, que ela não possui nem gradação nem parte, que caso se perca uma de suas partes ela é completamente perdida. É preciso dar à "liberdade" sua verdade substancial de ser dado a si mesmo e, portanto, substituir

3. *Sum. Theol.*, Ia. Pars, Q. 45, art. 1.
4. Cf. *Opus Ox.*, I, II, d. 1, Q. 2.

o dom à perda: se ela é dada, ela é dada por inteiro. Em consequência, é impossível pressupor, já nesse ponto, o que quer que seja, ou introduzir até mesmo um "não-ser", determinado por aquilo que ele nega, e colocá-lo clandestinamente no lugar do Nada (οὐχ ὄν). Até mesmo a contingência do ser finito suporia uma essência prévia que, para cada ser, avaliaria seu direito à existência. Nesse caso, seria impossível expressar o dom que somos, e a criação se reduzira ao decreto geral de honrar o direito comparado das essências. Invocar assim, com Leibniz, uma "exigência da existência", uma "*praetentio ad existendum*"[5], é contradizer o absoluto do dom, a menos que [135] se trate de uma pura ficção retrospectiva, destinada a reforçar a tese do *maximum* e do *optimum* do mundo criado. Mas contradizer o dom é recusar a criação, e a contingência, indefinível positivamente, termo de exclusão da necessidade, tem como única e adequada verdade a absoluta gratuidade do dom de ser. Por fim, o fato de "criação" ser empregada duplamente quanto ao ato e ao produto, ativa e passivamente, mostra ainda sua adequação ao "dom", quando o "*ex nihilo*" impede toda assimilação às metamorfoses, às deduções ou derivações.

Contudo, o *ex nihilo* nos diz outra coisa, *a parte Dei*, no momento em que estivéssemos inclinados a identificar o criador a seu ato de criar. Preocupada em eliminar a representação de um passado da criação, de uma ociosidade prévia do criador — subitamente ganho pela arbitrariedade do "decreto" —, essa identidade afirmada conjuraria o imaginário antropomórfico, ao mesmo tempo em que recordaria a onipotência em ação na "*datio totius esse*", onipotência indistinta do Deus criador. Mas a revogação das imagens é aqui um pretexto para apagar, para esquecer a completa gratuidade da criação. A partir disso, a especulação tem caminho aberto para substituir a liberdade pela necessidade. E se modulará indefinidamente sobre o tema: Deus não é sem a criação. Ele encontraria nela a sua necessidade, ele se realizaria, se revelaria nela. E sem dúvida não podemos assimilar a liberdade criadora à arbitrariedade de uma divindade previamente preguiçosa! Mas a imagem de uma divindade em inquietude de criar por causa de seu ser, necessitada à criação do mundo para "realizar-se", é mais fantástica ainda. Ela contradiz, sobretudo, o

5. Cf. *De rerum originatione radicali*, Ed. Gerhardt, t. VII, p. 303.

absoluto do dom de ser, em sua graciosidade radical. Quem é dom por inteiro não poderia invocar qualquer obrigação de dar em seu doador. Mais uma vez, a dívida é do ser-dado, não do Princípio ontológico que é, em ato absoluto de origem, o dar do dom. Por isso, enfrentando todas as vozes contrárias, é preciso distinguir absolutamente Deus e sua criação. O que a expressão *ex nihilo* defende resolutamente. Ela não indica apenas o "absolutamente nada", o nada prévio *a parte creaturae*, mas também o "não ao ser" (*Nichtsein*), identificado à pressuposição do *absoluto* do ser, absolutamente in-condicionado, *irrelativo* a tudo, ao que quer que seja outro. Não, o criador não é relativo, de qualquer modo que seja, ao [136] ser-outro-que-si, ele é, na completa suficiência de si, a exclusão de tudo o que implicaria seu outro. Ou, em outras palavras, o infinito é *exclusivo* do finito, de toda limitação da qual seu ato é negação.

Por isso o nada não é, de modo algum, originário. Sem dúvida a antitética imediata entre o nada e o existente é, como lembra Heidegger, "o despertar da interrogação autêntica do *ser* do existente"[6]. Mas do despertar à vigília lúcida deve ser suprimida a indeterminação do ser, a qual dissimula o dom absoluto por criação. E essa dissimulação neutraliza o nada na Nulidade "originária", quando a liberdade criadora não é reconhecida como absoluta gratuidade do dom, cujo contraditório se lê negativamente como *recusa*. O nada da Nulidade não é "aquilo a partir do que...", mas o que é, faz-se necessário dizer, a partir de uma *Recusa*. Ou, com outras palavras, a Recusa do ser é aquilo cujo nada o Dom mostra. E mais é verdadeira a potência da recusa — verdade compreendida no absoluto cumprimento de si do Espírito infinito — mais o é o nada do qual brota o dom do ser de espírito, como efetividade originária do positivo do ser.

O filósofo, porém, é incitado a negligenciar a expressão "*ex nihilo*", sempre que o infinito do espírito, por suscitação do cristianismo, é pensado como "autocriação" de Si, como Diferença na identidade divina entre a potência de ser e seu ato, como dom e troca de dom. Pois, ao que parece, a geração do Verbo oferece mais que o paradigma da criação, ela realiza absolutamente, em Deus, o que é dado dele e por ele, fora dele. Ora, não se poderia associar à Expressão de si, intradivina, o complemento *ex*

6. Cf. HEIDEGGER, *Was ist Metaphysik*, trad. H. CORBIN, Gallimard, p. 40.

nihilo, pois, precisamente, ela pressupõe a infinita potência que nela se dá. Daí a incitação à apresentação homológica do Espírito absoluto, no infinito do dom de si, e na criação. Hegel, por exemplo, cedeu amplamente a isso, embora tenha mantido resolutamente a diferença entre o Filho e o mundo criado em sua filosofia da religião[7]. Em consequência, ele refere o "*ex nihilo*" à tradição [137] judaica, ao passo que a revelação do cristianismo confere a essa expressão sua verdade última como negatividade absoluta do espírito. Mas acreditamos que Hegel não se manteve suficientemente alerta sobre a *alteridade* do ser criado, isto é, novamente, sobre seu ser de liberdade, *em* liberdade por ser dado a si mesmo, tamanha a vivacidade da ênfase dada sistematicamente por Hegel à negatividade do espírito, o que tende a fechar-lhe o acesso ao pensamento do dom, da efusão, da *communicatio entis*. Ora, é precisamente a alteridade do ser dado, da criatura, sua substancial diferença ontológica, que diz, de maneira definitiva, o *ex nihilo*: o outro, que é o ser dado, não supõe *nada* que seja o mesmo que si, e pressupõe o dom em ato de seu ser a si.

No entanto, manter distância em relação a uma assimilação da criação à geração intradivina parece colocar a concepção em contradição com nossa explicação do infinito do espírito. Por um lado, com efeito, a potência ontogênica do espírito absoluto só é ilimitada, infinita, por sua própria atualização na qual ela *se* dá sem reserva: o ato divino de geração dá tudo o que ele é, se dá absolutamente em seu fruto. Mas, por outro lado, a criação do espírito finito é, ela também, dom do ser. E não há nenhum sentido em sustentar que a potência ilimitada de ser possa ser seu ato próprio em parte, pela metade, em migalhas se deveria dizer, ou, o que não é diferente, segundo a medida da essência daquilo que é dado, criado. Esse é o ponto forte de Santo Tomás: o ser não é dispensado proporcionalmente na criação, cada ser é *datio totius esse*. Por isso, somente Deus pode criar, sendo ele a *causa universalis entis*, segundo o universal de perfeição, e não de atribuição, isto é, o ato absoluto, e não uma parte de si mesmo[8]. É exatamente o que entendemos pelo ato da potência ilimitada de ser, que não pode limitar, reservar sua potência no ato de si mesma. Mas Santo Tomás só

7. O que é demonstrado exaustivamente por Albert Chapelle em *Hegel et la Religion*, Ed. Universitaires, II, p. 153-166.

8. Cf. Santo Tomás, *Sum. Theol.*, Ia Pars, Q. 45 *n*, art. 1.

teria convencido Duns Scot, e a nós depois dele, se tivesse tentado mostrar como o ato de ser é idêntico em Deus e na criação, no dom, isto é, se ele tivesse sabido conjugar a identidade do *actus essendi* com a alteridade do ser criado. Daí as reiteradas aporias. É preciso dizer, por exemplo, que o [138] *terminus ad quem* da criação é a *tota substantia rei*[9], mas também sustentar que o ser, "primeira das coisas criadas", é o que é simples e pleno, mas não subsistente[10].

Enunciemos a dificuldade em toda a sua força antinômica. Como o dom de ser, ser em ato da potência infinita do espírito, seria, ao mesmo tempo, duplamente, do ser de sua potência absolutamente expressa *e* do ser dado a si mesmo na criação? No primeiro Dom, o espírito dá tudo o que ele é, se dá sem reserva: geração do verbo. No segundo, ele dá o que ele não é: criação do ser-outro, do espírito finito. Mas em ambos os casos o ser dado é todo o ato de ser. Sem dúvida, o espírito absoluto *se* dá somente uma única vez em seu ato e sem reserva de potência ontogênica. A expressão do absoluto é o *Único*. Mas, precisamente, como pode ele dar o ser sem dar-se nele, infinitamente, se seu ato de ser é dado como o ser de seu outro, do espírito finito? Como a efusão geradora do Mesmo seria acompanhada pela profusão criadora dos outros? Como pode haver *communicatio entis* sem *communicatio sui*?

De posse dessas distinções, confrontemos os resultados da análise conceitual do infinito espiritual com a presente e crucial interrogação. A troca absoluta é *identidade na absoluta diferença*, diferença que reserva a prioridade inaugural da iniciativa ontológica absoluta, diante da recíproca, da redição do dom ao dom. Ao contrário, criação significa a *diferença na identidade do ser-dado*, a alteridade do dom, uma vez que o dar não se dá no dom e, portanto, aí se limita. É forçoso, pois, pensar para o mesmo ato de ser do divino uma dupla "formalidade" de ato: quando a potência infinita se dá no dom, quando ela aí não se dá. Podemos pensá-lo?

É possível, à condição de separar os "momentos" do conceito que, no entanto, obtêm seu sentido apenas por sua unidade. Separação, [139] distância mantida durante um instante, que obriga à exposição sucessiva.

9. *Sum. Theol.*, Ia Pars, Q. 45, art. 1.

10. *De potentia*, I, 1. Cf. também *Sum. Theol.*, Ia Pars, Q. 45, art.: *esse non importat substantiam creatam, sed importat rationem objecti creationis.*

Suponhamos a triplicidade, que figura a troca absoluta que é a unidade do infinito positivo: Dom originário, Redição, Confirmação (que dá novamente a quem restitui, segundo o artifício representativo[11]). É entre o segundo e o terceiro momento que é preciso introduzir a distância. E podemos fazer isso — não apenas graças à apresentação sucessiva — mas em conformidade com a necessidade de dar todo seu direito, todo seu sentido, sua infinita eficiência à Redição, ao dom de si em retorno. A partir de então, a infinita potência infinitamente restituída à sua origem é, seria unicamente em ato de ser *sem* o Si dado, sem *communicatio sui*, justamente porque o Si é restituído à origem. Distância fictícia em um tempo fictício, certamente, mas que *significa realmente* o ser puro e simples, *disponível* para ser o ser do outro, para o ser dado a si mesmo como espírito finito. Ser sem o Si do espírito infinito. Ser da Expressão sem o Expressado, ser neutro embora ato pleno da onipotência, ser no qual o espírito infinito não *se* confirmou, ser "em resto" do Dom, ao passo que a Redição é o ato em troca. Ser em que o infinito se dá, pois a iniciativa do dom é inesgotável no âmago da própria redição, diferença de si na identidade a si.

A única representação artificial do ser divino disponível para ser o ser do outro reside, na verdade, em uma diferença impossível, sem sentido, entre o ser assim disponível e o ser dado, na criação. Não há nem uma diferença de tempo, nem uma diferença formal, dotada de sentido, que seria aqui fictícia. Pois é preciso repetir com o rigor do sentido do dom, como dom do ser: o dom não é dom se ele não é dado a si mesmo, ele é dom do ser de espírito livre, totalmente a si e, portanto, totalmente ao outro do Criador. O rigor do conceito ontológico de dom, de ser-de-dom, que exige aqui que se pense a criação em termos exclusivos de dom do ser de espírito, espírito finito, deixa sem dúvida em suspenso o problema do ser natural. Trataremos disso mais adiante. Mas agora a identidade do dom, do ato de dar, com a criação do ser de espírito, se traduz pela equivalência dialética entre o "sim" criador de nosso espírito e o "não" ao ser-outro, outro [140] relativamente ao criador, e não relativamente ao espírito, como no caso da matéria virgem de alma, de sentido, sentido em seu contrário, ser que seria

11. O momento de "confirmação" encontrará sua necessidade própria na análise do Eterno.

imediatamente apagado na pura exterioridade, por seu nada espiritual. E esse "não" é a última maneira de entender a criação do homem *ex nihilo*.

Desse modo, a criação é dom do próprio ser da Expressão intradivina do divino, ser disponível pela diferença real entre Redição ao Princípio e Confirmação de Si, no ritmo do Espírito absoluto. É a única compreensão adequada do que nos é dado a pensar na expressão teológica: criação *no* Verbo[12]. A partir disso se esclarece a significação da *liberdade* criadora.

Pulverizar as imagens antropomórficas da hesitação prévia, da ociosidade de um eterno passado divino, de um antes de carência criadora e, por conseguinte, da arbitrariedade de um "decreto" não é nos rendermos, simultaneamente, a uma fatalidade, a uma inevitável criação inscrita necessariamente na Vida do espírito absoluto? O princípio da resposta continua sendo a equivalência entre o infinito do espírito e sua potência ontológica, ontogênica, ilimitada: onde a Necessidade absoluta tem sua verdade no absolutamente livre que é o absoluto, liberdade inaugural do ser de si como ser do espírito infinito. Liberdade imediatamente livre de si mesma, e que, por conseguinte, é Dom de si em sua Expressão. Ao afirmarmos que a efusão espiritual é *também* profusão dos seres de espírito, no momento da Redição do Fruto único à sua Origem, dizemos a idêntica liberdade absoluta, mas no dom de seu ser ao outro, *fora* de si mesmo, *em* sua identidade ontológica. Nenhuma necessidade coativa subsiste então, pois o emprego — por assim dizer — do ser disponível para o dom do ser-de-espírito outro, finito, é imediatamente suprimido, como disposição ontológica, pela Confirmação do ser engendrado. Que o ser, contudo, seja liberado para ser[13], em e pelo intervalo intemporal entre restituir e confirmar, não diz nada mais que a identidade entre a criação e a *Bondade* divina, entre a liberdade criadora e a liberalidade do espírito absoluto. Nada falta a Deus, e de modo algum há [141] ser de mais, sobrando, em sua Vida. E essa é a única "razão" pela qual o ser que ele dá é absoluta gratuidade do dom. A liberdade criadora é, pois, a verdade de nossa contingência *porque* a Liberdade inaugural do espírito infinito é a verdade da Necessidade.

---

12. Cf. particularmente o começo da *Epístola de São Paulo aos Efésios*.

13. Aqui se imporia o uso do verbo *entlassen*, tomado do vocabulário da lógica de Hegel. Cf. A. Chapelle, op. cit., p. 132-133.

Disso não resulta *nenhuma analogia* entre engendrar e criar. Onde é preciso dizer Dom de si como absoluta Substituição espiritual, é preciso dizer dom do ser outro, o que de modo algum pode substituir o divino. Por isso o ser criado não é um análogo do Único, mas exatamente sua Imagem. Imagem segundo os três sentidos ligados ao termo: um ser, um ser outro, um ser no qual é dada a réplica, a semelhança em livre figura de liberdade. E pela particularidade de seu ser outro, o ícone espiritual existe como exemplares infinitos, como uma pluralidade infinita, todos eles não intercambiáveis. Mas outra é a imagem, Outro o Originário original. O outro espiritual finito é o outro do Mesmo infinito. Deus não se distribui analogicamente, e o ser-dado não tem proporção com ele. Deus cria.

Em nossa existência "desaparelhada", não podemos realmente criar uma analogia da substituição ontológica interna ao infinito do espírito divino. Não podemos sequer realizar uma mímica relativa ao engendramento infinito da Expressão em Deus. Podemos apenas apresentar um vestígio equívoco com o Ato em que o *infinito* se dá. A única substituição, com efeito, em que temos algum direito de autor é a substituição *natural*. Substituição das gerações, do mesmo pelo mesmo, do corpo pelo corpo, do outro, sempre na identidade da espécie. Mas nunca a semelhança entre o pai e o filho é produção da imagem espiritual. O ser de espírito da criança é ser-de-dom, ser a si por criação divina. Salvo em caso de delírio teomorfo, em que o procriador se identifica imaginariamente com o criador, nunca o homem pode engendrar à sua imagem, e menos ainda operar uma substituição espiritual de si em seu outro. Onde o homem engendra e dá o que tem, ele não cria; onde o infinito do espírito cria e dá o que ele não é, ele não se engendra. O genitor bem pode *querer* que seu [142] filho se pareça com ele, em sua existência e em seu ser. Mas em relação a isso ele não tem poder algum, e a educação para a liberdade do filho é o sentido unívoco da educação em seu rigor racional, e mesmo na disciplina que forja o hábito de ser responsável. Sem dúvida haveria mais analogia com a criação, por mais longínqua que fosse, na obra de arte. Obra que transfigura o ser-outro natural em beleza espiritual, mas quando a imagem não pertence a si mesma ela não é o ser-dado a si mesmo. Daí o belo mito de Pigmalião, "criador" da estátua que se torna ícone do espírito, ao mesmo tempo em que manifesta uma alma e recebe, deixada à sua responsabilidade, a palavra.

Receber a palavra. Esse é o sinal pelo qual a criação é reconhecida. Nenhum homem está na origem da linguagem, do pensamento que nela reside e se manifesta. Ele é seu ator, captador e promotor. Sabíamos disso no balanço da antropologia. Agora é a *ontologia do pensamento*, por sua origem radical, que se oferece com a concepção do Espírito criador. Ontologia da expressão, da palavra e da razão. Verificava-se que o pensamento em exercício se beneficia de algum modo, goza, mais precisamente, de uma *reflexão* do ser sensível em ideia inteligível, reflexão para a qual não possuímos a chave, que torna possível a reflexão noética, psicológica, e torna real o saber imediato do pensamento. Que, além disso, não sejamos livres do sentido, que se impõe como *necessidade* conceitual, ao mesmo tempo em que o *universal* da forma lógica guarda e normatiza o sentido, e nós devemos concluir que *o pensamento nos é dado a pensar*. Nós o sobrecarregamos com subjetividade, com perspectiva, com arbitrariedade, não há dúvida disso. E ele já se encontra submetido à particularidade geográfico-histórica das línguas. Mas ele não é menos dado a pensar. Isso significa a unicidade de seu ser originário, e que ele é mais ele próprio quanto menos o alteramos nós mesmos. Isso significa também que ele se dá, segundo sua pureza ou rigor conceitual, como anamnese do ser que ele exprime. Palavra ou discurso carregam em si mesmos o poder de verdade desde sua raiz, da qual provém sua seiva de sentido, e em que o inteligível é idêntico à inteligência. Por conseguinte, o ser-de-dom criado *no* ser da Expressão de Si a Si recebe deste o dom de ter parte, comunhão, na pura idealidade do Espírito absoluto que, em seu Verbo, se pensa engendrando-se, se reflete expressando-se.

[143] Mas essa potência conferida a cada espírito finito, do seio do ser divino no qual ele está enxertado, é uma potência a ser exercida, engajando o ser natural do corpo que é meu sem ser eu. Vida do corpo que a aspiração de nosso ser capta como energia espiritual e que oferece seus poderes ao nosso querer. Vida de um corpo que o ser de espírito habita, para nele se expressar transfigurando-o, submetendo-o a si pelo hábito de ser, de ser nele, na familiaridade do sentido íntimo. Mas a partir do corpo de cada um é toda a vida natural, segundo a ordenação flexível de suas

espécies, e é toda a natureza, terras e céus, que estão a serviço do espírito criado. Serviço e finalidade do mundo natural, a despeito de sua própria hostilidade, de sua selvageria e de sua fragilidade. Schoppenhauer estava errado. Abstração feita de toda leitura antropomórfica da natureza, seu fato colossal e ameaçador é somente a inevitável e incoercível contrapartida de seu não sentido pressuposto por sua disponibilidade, sua oferenda ao sentido e ao espírito. O que significa exatamente que a *criação do homem é, mediatamente, criação do mundo*[14].

O mundo natural é o outro do espírito que aí se manifesta e vive. Em sua abstração própria, ele é exposição fenomenal que a lei de ferro do tempo das coisas apaga. Nem a matéria das coisas, nem a vida orgânica natural possuem ser a si. Recordemos: somente possui ser a si, substancial, o ser de espírito, por seu recolhimento, sua reflexão ontológica, que dispõe à assunção de si por si mesmo. Puramente fenomenal em sua naturalidade, o mundo, contudo, não deixa de ter o ser donde ele aparece. Pois um jogo de aparências é apenas sonho no qual nada aparece, a ilusão que nenhuma vigília pode dissipar, e todo idealismo psicológico consiste em sonhar um princípio constitutivo ilusório da ilusão. Mas o ponto decisivo é que não advém nenhuma linguagem, nenhum ato de liberdade, nenhuma demanda do espírito, se o ser natural, que as operações espirituais convertem à idealidade e à animação do espírito, é ele próprio irreal. Assim, é preciso concluir que o ser dos fenômenos é transfenomenal, numênico. Como compreendê-lo?

[144] De um modo rigoroso, somente é criado, dado a si mesmo, o ser-de-dom, o espírito finito. Só e imediatamente, sem relé, nem pouco a pouco, sem intermediário nem prazo de crédito. Mas, se a criação dá o ser-outro *em* seu ser, ela lhe dá o ser natural como *seu* outro, a-espiritual, que faz *seu* mundo, necessariamente. Pois o espírito finito não se torna, para si mesmo, sua própria atualidade de sujeito, e de sujeito em toda operação espiritual, sem convocar, empregar, negar e transfigurar, o corpo natural de onde ele surge para a existência, para nele ser em segredo, mas por inteiro, na vida que começa. Fica assim disponível para o espírito a vida natural à qual ele é confiado. Essa é a exigência do outro-natural para o ser de espírito. O espí-

14. "Mediatamente" não significa, evidentemente, indiretamente. Mas que o mundo, diretamente, é criado para o ser de espírito.

rito finito precisa da natureza privada de espírito. Isso é o mesmo que dizer que do Espírito absoluto, de seu ato de ser, na Expressão e dom absoluto de si, donde o ser é dado a si mesmo como ser de espírito, são oferecidos ao espírito finito a vida e o mundo natural, que são dele e para ele. Criada para o espírito criado, a natureza privada de ser a si espera sua libertação, que se inaugura em toda atividade espiritual humana. Por isso a natureza jamais é expressiva de si mesma, mas signo do divino em sua beleza, na qual transparece sua Fonte ontológica, uma vez que seus espaços privados de alma não possuem verdade própria. Mas o signo é para o espírito vínculo do Espírito com o espírito, de sorte que toda a imensidão do mundo, vida, terra e céus não são nada diante do menor, do mais frágil, do mais pobre dos homens. Natureza entregue ao espírito capaz de metamorfoseá-la por meio das técnicas, potência de nela fazer eclodir o sentido e a liberdade do querer. Mas natureza sem futuro espiritual *próprio*[15].

"O céu e a terra passarão...", o espírito criado é o único a guardar a esperança de fazer parte da eternidade.

3. Eterno

Ninguém pode se decidir a ser apagado, em seu ser, quando se dissolver a vida entregue à matéria do mundo, ao menos enquanto ele se considere [145] inassimilável a um produto natural. Por isso a esperança de existir no "além" da morte é, em contradição com a representação temporal, a espera do ser de espírito restituído à sua origem criadora. E o desejo de eternidade se esgota no esquecimento do dom que somos: o ato de nos dar o ser é ato do eterno, que não se pode representar nos esquemas do tempo. Nem o tempo objetivo das coisas e da vida, nem o tempo histórico da história dos homens.

A evocação *imediata* do espírito *eterno* é, portanto, *negativa*. Eternidade irrelativa tanto à duração da existência como ao efêmero de "tudo o que ocorre" e cujo devir é o Cronos que devora, que apaga, o que advém

15. O que não implica nenhuma reserva sobre a possibilidade de uma ressurreição da carne. Pelo contrário, essa possibilidade é implicada na diferença do meu (corpo) e do eu. Cf. *Philosophie du corps*, Conclusão.

no mundo. A eternidade "em nenhum tempo" é desafio de seu conceito a toda representação. Conceito cujo sentido principial é o rigor intemperado do dom do ser-de-dom. O dom não é seu próprio devir, como a avareza do pouco a pouco, do gota a gota: dom imediato do ser que é o todo de si mesmo, ele é dado *uno ictu*, ou não é. *Ex nihilo* exprime assim a eternidade negativa do espírito criador. Mas a imediatidade do criar, para permanecer fora da duração ou da continuidade, tampouco é equivalente à instantaneidade à qual uma "intuição" que escapa da forma do tempo teria acesso. Nem o instante disjunto, descontínuo, como presente limite que é nada de presença. Nem o instante-relâmpago da intensidade pura de uma emoção imprevisível. O primeiro porque ele diz apenas o inapreensível, por ficção formal de uma imediatidade sem ato nem ser; o segundo porque exprime somente nostalgia do incomparável existencial, o que provoca a abstração e o esquecimento de sua duração concreta.

Embora pesada e lancinante, permanece a antinomia de nosso começo absoluto e de nosso começo relativo, na história humana e natural. E mesmo que a antinomia seja aparente, confrontando em um mesmo discurso contraditório proposições extraídas de registros incomunicáveis, é forçoso reconhecer que a aparência faz aparecer muito mais que uma inadvertência por confusão dos gêneros. Tampouco basta, para vencer toda dificuldade, substituir a criação no tempo pela criação *do* tempo. Sem dúvida é preciso dizer que a criação é "cronotética", começo sem antes, "advento" eterno do tempo. Mas por não [146] distinguir e articular tempo natural e tempo histórico, história dos homens e história de cada existência pessoal, suprime-se um falso problema apenas para avivar a problemática de conjunto: na única cronologia do mundo, eu vim à existência em um tempo da história dos homens. A dificuldade especulativa de pensar o eterno criador permanece intacta e imensa: a anamnese da eternidade do espírito tem essa problemática como seu obstáculo inevitável.

A eternidade criadora do espírito absoluto nos é assim dada a pensar segundo a tripla dimensão do tempo da criação. Precisamos primeiramente enunciá-las em sua caracterização respectiva.

1 / Para cada espírito criado o tempo de sua história começa com ele próprio, sem intervalo de duração pensável entre o ato de dar e o dom dado.

Assim como eu não posso dispor, em alguma lembrança, de uma passagem, ou tempo de proveniência, ou momento inaugural de vinda ao ser que eu sou, tampouco me é oferecido em retrospecção um tempo natural de minha vida anterior à existência de meu ser de espírito. O absurdo de uma coisa remete à impossibilidade da outra. Pois se não há sentido em alguma transição do Outro para mim mesmo, sendo o dom imediatamente o todo de meu ser, a assunção difícil do que sou — no curso de minha história — é de saída, desde a origem, disposição e apropriação de meu corpo em vida, que é meu sem ser eu. Do mais secreto ao mais evidente, eu não sou sem ser em potência, confiado à natureza desde minha vida começante. Para mim e na verdade refletida de meu tempo existencial, o espírito que sou não *pre*ssupõe a natureza: nela ele é dado a si mesmo originariamente. É preciso dizer aqui que cada um é, para si mesmo, o Adão sem algum antes da vida de um corpo que ele viria habitar. A criança conhecerá seus próximos, antes do saber objetivo de uma geração natural que nunca lhe ensinará seu ser substancial de espírito.

2 / Entretanto, o tempo histórico de minha existência também é o aprendizado da alteridade, até a adversidade, do tempo objetivo da natureza em que minha vida está em devir. E toda familiaridade adquirida [147] com meu corpo, disponível para todo ato espiritual, não pode vencer a defecção do corpo, sua alteração, seu envelhecimento, no reverso do crescimento. Desse modo, os tempos de minha vida são relativizados pela continuidade do apagamento, pois o não-ser do futuro sempre é prometido ao não-ser do passado, destino cumprido perpetuamente no inapreensível devir. De modo que minha história reside apenas em seu saber, que enfrenta o tempo como o podem a memória e a antecipação, capacidades de meu espírito para guardar as coisas e acontecimentos, mesmo em ausência deles. É assim que minha existência é ligada, tramada em sua história, pela irreversível cronologia do tempo objetivo, que assinala a inconsistência ontológica das coisas: se não há ser subsistente além do espiritual, sua vida natural o confronta à monótona e monocromática lei de aniquilação do mundo sem alma. Então, aprendo a repetição substitutiva do engendramento natural no qual sou produzido e, aleatoriamente, produtor. E toda a combinatória necessária ou casual, exposta pelos geneticistas, não teria nada a dizer sobre a diferença metafísica, mas é mera constatação existencial entre genitor e procriador.

3 / Assim a criação intemporal de meu ser, absoluto começo de minha história espiritual, se experimenta e se inscreve no tempo do mundo. E o tempo do mundo natural *fixa* nessa leitura de mão única as gerações com a história particular dos indivíduos em suas particularidades geográficas: é a história universal da humanidade, pela unicidade do tempo da terra. É *in illo tempore* que *aparece* no mundo cada ser de espírito, como se, por imaginária abstração do dom intemporal do ser, Deus esperasse, a cada vez, a concepção natural procriadora para criar. E nem as heranças culturais, nem os saberes dos historiadores poderão interditar a dura lei do apagamento contínuo do mundo. Eles apenas poderão contradizê-la. Toda tradição passa, no próprio instante em que ela persevera em sua sucessão. A história dos homens *não subsiste*; subsistem apenas os seres que nela aparecem. Mas é precisamente porque a história humana — no devir da vida da espécie, na qual, de geração em geração, a vida nascente anuncia a morte — é constituída da existência espiritual atravessada pelo tempo do mundo que a desafia [148] irreversivelmente, que é absurdo considerar seu começo em e a partir de uma "história natural" que a precederia. Toda hipótese de um devir humano a partir da natureza, brusco ou lento, é tão privada de sentido, nos próprios termos de seu falso problema, quanto o surgimento imaginário do ser de espírito em um tempo do desenvolvimento de seu corpo objetivo. O que se chama de "história natural", em ambos os casos, é uma construção por abstração da história humana. É absurdo querer reencontrar na história natural o início ou a preparação da história humana. A verdade de um prévio natural ao Adão histórico é simplesmente a criação do mundo *oferecido* ao espírito criado, mundo mediatamente criado para a existência histórica do espírito.

Porque ele é dom do mesmo mundo a cada um, o dom intemporal de nosso ser é, pois, criação do tempo do mundo que trama, como seu outro inelutável, a história dos homens em que cada ser aparece. Se é preciso dizer, a rigor, que a natureza, em sua forma temporal, pressupõe ontologicamente o *espírito*, é preciso também acrescentar que a natureza da qual nasce o corpo humano é antes de cada *vida*, relativizando o começo de cada aventura pessoal. Toda retrospecção ou construção imaginária que pretendesse desenvolver na ordem sucessiva dos fenômenos naturais um devir ou um advir do espírito consistiria apenas em esquecer seu próprio método abstrativo.

Isso não equivale a dizer que o tempo da natureza seja a simples projeção imaginária de uma pré-história humana. A história pessoal de cada espírito só tem *habitat* em seu corpo, que o contém antes de toda manifestação, se o corpo for gerado da natureza. Natureza que dura apenas por substituição genérica *efetiva*. Em consequência, a natureza que, para nosso ser espiritual criado, é o *antes* de nossa vida, possui seu tempo objetivo *inverso*, cada um sendo procriado *depois*, segundo o curso das gerações: um espírito somente é criado, dado a si mesmo, na substituição da vida pela vida, com o fim de que nela ele *apareça*. É preciso, pois, distinguir dois sentidos de "aparecer", em sua própria articulação. Quando dizemos "no momento em que a criança aparece", dizemos isso a respeito das primeiras manifestações espirituais em seu corpo e no mundo. Mas esse aparecer implica os fenômenos naturais em corrente transformação. Fenômenos [149] cuja disposição o ser transfenomenal, numênico, oferece em cada concepção, onde ele põe, e depõe na morte, a vida carnal que acolhe o espírito inquieto com sua própria história. A criação de um espírito *outro*, dado a si mesmo, implica o outro-natural desse espírito, e eis por que ela tem seu aparecer sucessivo, aparecimento de uma vida a partir da qual se manifesta o ser criado imediatamente, intemporalmente. Em outras palavras, se a "história natural" é expressão antropomórfica do tempo do mundo natural — como se remontássemos o seu curso —, ela somente deve, contudo, seu cruzamento com a história dos homens *por* e *para* a criação profusiva de cada um deles. Cada um deles implica, para sua vida carnal, a substituição genérica, e essa substituição natural trama com sua irreversível cronologia — lei unitária de apagamento do devir — a história universal dos homens. A criação de nosso ser *em* vida ordena, assim, a natureza ao espírito, na ordem sucessiva, substitutiva, do tempo das coisas.

Com isso, os falsos problemas são denunciados em série. "O instante" criador figura o intemporal do Dom pelo limite negativo de um tempo formal, forma do tempo sem seu conteúdo natural, sem as coisas cujo desgaste e o apagamento o tempo provoca. Por conseguinte, a criação não é "dentro" do tempo do mundo, mas dom do mundo temporal ao ser-de-dom que ela cria intemporalmente: o mundo começa por e para cada ser de espírito, na real mediação da irreversível história da humanidade, sua indefinida cronologia significando adequadamente a finitude do espírito criado, na profusão finita da Criação.

Disso resulta que a criação do espírito finito é *do* eterno, mas não "eterna", se se entender "*ab aeterno*" como a origem imediata que é o Dom, e não como a correspondência — privada de sentido — de uma causa indefinida no mundo natural "sem começo". Essa última expressão negativa só poderia designar a verdade de uma não criação da natureza *para si mesma*. Somente, recordemos, é criado para si mesmo, criado pura e simplesmente, o ser dado a si mesmo, e que não supõe *nada*, além do Criador. Por isso o ato criador não é continuado nem instantâneo, ele é eterno, intemporal. O que não significa simultaneidade ou [150] contemporaneidade, uma designando o tempo na relação ao espaço, a outra a copresença dos espíritos no tempo histórico da humanidade. Essas palavras retornam apenas pela astúcia do tempo que incita a ler o espírito em seus termos naturais. Cada espírito é a partir do mesmo ato de dom, qualquer que seja seu tempo natural e, por conseguinte, qualquer que seja seu momento histórico. Por fim, uma vez que se compreende a destinação espiritual de cada um em seu sentido necessário de retorno, restituição ao Espírito criador, não há nenhum sentido em imaginar tal destinação "à espera" do retorno de todos os seres de espírito à sua Origem. É por inadvertência de leitura do ato criador como momento do tempo natural que se forja a ficção de uma dupla destinação, sucessiva. Cada um espera a salvação de todos em sua própria salvação, e não o inverso.

Até agora, consideramos o eterno em sua acepção negativa, irrelativa, intemporal. Negatividade que é a exclusão do Dom, criador do espírito e do devir natural. Exclusão cuja verdade é a positividade doadora, efusiva do ser de espírito, com a exclusão de toda necessidade do mundo, mundo cujo ser prévio não é pressuposto para criar. O espírito eterno cria em nenhum tempo, e o ser de seu ato absoluto é eternidade espiritual, excluindo o tempo das coisas, que ela não dá ao ser para si mesmas. Da mesma forma, evocar o eterno como sempiterna presença "em todos os tempos" é absurdo, na exata medida em que "os tempos" são as múltiplas coisas substituídas. Nem a Coisa inapagável, perpetuamente idêntica em sua infinita duração, nem a própria duração, hipostasiada como figura do Espectador inalterável. Inapagável, inalterável são os predicados negativos atribuídos ao ser privado de espírito, e cujo destino indiscernível de si mesmo é alterar-se para se apagar: o fenômeno natural não possui ser a si, ele é o contraditório incomponível do eterno. Por isso, a rigor, não se pode dizer "eternidade", salvo convenção expressa, como se a eternidade fosse algum *aevum* substancial ou a forma indeformável do idêntico. Com efeito, é o espírito absoluto que é o eterno, que é Sujeito de seu predicado próprio e reciprocável. E o eterno é informalizável, inseparável de seu ser, por toda diferença do temporal, considerado como temporalidade, como idêntica e inexorável lei dos fenômenos naturais, que ela condena a passar, sem apelo.

[151] É, pois, por total confusão que nos inclinamos a dizer, sobre a história de cada espírito, sobre as histórias pessoais de cada espírito, o que é preciso dizer sobre o tempo das coisas. Não é boa conclusão aquela que passa do eterno intemporal ao eterno anistórico. Da ausência em todo tempo à ausência em toda história humana, a consequência é nula, pura confusão entre natureza e espírito. Contudo, é justamente essa inconsequência que forja nossa representação comum do eterno. Representação subjacente, como preconceito tenaz, dado que nosso juízo global sobre a existência histórica é inevitavelmente função de um implícito anistórico, segundo a exclusão recíproca de termos contraditórios. É toda uma tradição imanente aos nossos pensamentos, que reitera a indiferença da Identidade, forma indeformável, oposta ao perpétuo devir histórico, que erige a disjunção parmenidiana em um princípio transcendental de nossos juízos, pronuncia a equivalência entre o anistórico e o eterno, interditando toda concepção positiva do Espírito intemporal.

As consequências disso são enormes. Elas afetam, em primeiro lugar, as representações da "vida eterna" naqueles que creem: nos próprios cristãos que sustentam em sua fé a afirmação da vinda de Deus na história, embora mantenham a pré-concepção de um absoluto isento de toda existência histórica possível. O eterno permanece o Imóvel, ausente de nossas aventuras e que somente pode ser alcançado pela ablação de nossa existência, apagamento de nossos atos, relações, escolhas, atividades. Por conseguinte, se o eterno, única verdade imperecível, figura o ser em sua lei de invencível Realidade, todos os nossos empreendimentos, todas as nossas provações, felicidades e infelicidades, parecem vãos, nulos, sem amanhãs possíveis. A tal ponto que uma conformação de nossas vidas com nossa esperança, segundo a injunção pascaliana, parece privada de sentido. O histórico não tem sua fortuna no eterno, este não o desafia, e a lógica da aposta é rompida pela disjunção entre o anistórico e nossa existência que o contradiz, o contrafaz, construindo desesperadamente as primícias aparentes de um "além" que as ignora. Agir, tentar mudar a si mesmo ou transformar o curso do mundo, atuar em favor de alguma causa, construir, progredir, promover, tudo se parece com "perseguir o vento". Balanço nulo de cada [152] existência, que se torna um jogo gratuito e cansativo. E o descrente carrega em seus juízos, do mesmo modo, a segurança sobre a inanidade dos esforços humanos, da equivalência entre o sucesso e o fracasso, entre o amor e a violência, entre o bem e o mal. Resta apenas tentar secularizar a esperança do eterno, construir as mitologias de paraísos na História, distraindo-se da morte de toda existência para alimentar-se de utopias fantásticas.

Genial, solitária, sem herdeiros, a meditação de Schelling, consignada nos textos das *Weltalter*, em versões sucessivas de elaborações especulativas insatisfeitas, tentou a revogação do eterno anistórico e a concepção de uma eternidade *meta-histórica*. Convém aqui relembrar suas principais linhas de força antes de pretender abrir de maneira nova o canteiro necessário[16].

A problemática, enunciando-se a partir da interrogação infatigável, vincula entre si os temas do absoluto começo, da lógica da Absoluta liberdade, e da "plenitude dos tempos", oferecida pelo cristianismo à filosofia especulativa, exigindo um decidido aprofundamento da teologia trinitária:

1 / O eterno, sendo inderivável, é seu próprio e absoluto começo. Irrelativo a todo antecedente, a todo passado, a todo dado, ele é iniciativa imediata, começo sem começo, identidade com "o que" começa, exclusivo de toda abstração formal. Pensar o absoluto começo, no entanto, é pensar a derrota de uma força negativa que o impede e, portanto, a vitoriosa

16. Cf. *Schelling ou la quête du secret de l'être*, Seghers, 1970, p. 51-69.

assunção do não começo no começo. A flecha ganha impulso apenas quando bebe da força que, do arco retesado, a impede de partir. A efusão espiritual absoluta supõe a força contrativa que nega sua iniciativa, mas que se distende nela.

2 / Essa implicação do negativo na positividade do ato do começo eterno se confirma na negatividade da liberdade — sua total in-dependência — que dá sentido, efetividade e verdade à positividade do ato. Ora, o absoluto que é o eterno é absoluta liberdade. [153] A total liberdade do absoluto começo se estrutura, portanto, para nossa concepção necessária, segundo *três* tempos ou instâncias da própria liberdade. Como o "sim" só é livre pelo "não" que ele nega, supera e carrega em si mesmo, é preciso distinguir o negativo inicial, o positivo da iniciativa e a submissão do primeiro ao segundo para a realização efetiva.

3 / Na lógica de sua circum-incessão, essas três instâncias necessárias, constitutivas do Absoluto do Ato, compreendem-se como Passado eterno, Presente eterno, Futuro eterno. Imanente à Verdade de seu Fruto, a força contrativa paterna é seu Passado, que o Espírito une ao Verbo em plena confirmação. Assim, é preciso conceber a "plenitude dos tempos" como a identidade da Vida trinitária, da lógica da Liberdade e dos três êxtases do tempo histórico, copresentes no eterno metahistórico. O eterno não tem o histórico como seu contraditório, mas como seu inacabamento, acabamento desviado e adiado em nossa existência, que conhece apenas iniciativas relativas, sem assunção de seu passado que a memória tenta guardar, sem acabamento de seu futuro que é relançado incessantemente pelo desejo insaciável.

A importância decisiva dessa inovação especulativa pode ser medida pela total *inversão de perspectivas* provocada por ela. O eterno não é mais representável como a absoluta penúria de história, dado que ele não significa mais a fragilidade-limite da identidade negativa, de onde nada passa porque nada ali ocorre. Ao contrário, toda história do espírito humano, na diversidade de suas aventuras existenciais, é infinitamente menos história, pobreza e impotência, diante da plenitude trans-histórica que é infinitamente Vida e Força, Vitória sobre o Nada no Ato eterno em que se equilibram e se acalmam as "potências" negativas e positivas da Liberdade. Vitória e eternidade — o hebraico, observa Schelling, as designa com a mesma palavra — são sinônimos, no ato do Começo absoluto e sem fim de si mesmo.

Para a antropologia espiritual, as consequências são extraídas pelo autor com todo o rigor. A história de cada um — a História dos [154] homens não tendo para ele uma unidade concreta — é comunicante e está prometida à "História eterna", da qual ela é desviada na terra, no desequilíbrio das potências do espírito livre. Longe de estar votada ao fracasso, à passagem para o nada, nossa existência terá sua verdade — pela mediação da redenção — na vida eterna. Não é, por fim, nosso tempo histórico que atesta nossa finitude, uma vez que, devolvido ao divino, nosso ser permanecerá finito e, contudo, conformado ao eterno. Nossa história, o tempo de nossa vida pessoal, é apenas desvio e extraposição provisória do espírito eterno.

Resta uma grande dificuldade, vivamente compreendida por Schelling, cuja lucidez impede que ele a evite. Ela reside na lógica do Começo afrontado à sua Realidade, à verdade de seu Ato. Em sua triplicidade circum-incessiva, as "potências" constitutivas do Começo seriam apenas impotências mútuas, entredevorando-se pela igual e perpétua impossibilidade de existir: roda indefinida da temporalidade, fuga perpétua do ato efetivo, na qual se compreende a temporalidade anistórica que é lei do efêmero. Do possível ao real, da temporalidade ao tempo histórico, deste à sua eterna verdade das três Épocas, das três Pessoas divinas, é necessária a Decisão de fazer ser, em subordinação — ou lógica abnegativa — essas três instâncias da Liberdade. Decisão ingênita, inescrutável, *imemorial*. A figura da flecha supõe a decisão eficaz do arqueiro para o disparo efetivo. Do mesmo modo, a lógica do Começo está suspensa ao Fato, a meta-história ao anistórico: a eternidade tem sua positividade concebida somente pelo inconcebível de seu não começo. E toda a especulação laboriosa oscila rumo à admissão de seu artifício, reunindo-se à metafísica negativa do eterno, ausente do histórico.

E no entanto... Um ponto de não retorno nos parece ser a conquista das *Weltalter*: em que sentido pensar o eterno que não é, em relação à nossa história, a impotência e o vazio da identidade abstrata, mas sim o infinito vivente, uma absoluta meta-história? O que significa a "plenitude dos tempos"?

A despeito das precauções e correções do discurso, Schelling, em nossa opinião, é conduzido a um antropomorfismo da liberdade divina que o impede de transgredir a univocidade da lógica do [155] começo, totalmente tomada do espírito finito. Com efeito, no começo da história de cada ser de espírito está o seu ser em liberdade, dado a si mesmo. A in-dependência é nativa, indiscernível do ser-de-dom, precisamente porque ele *não* é sua própria iniciativa ontológica, sua própria potência ontogênica. Negatividade que indica, pois, a finitude do ser-a-si, em sua original positividade. Por conseguinte, todo ato de liberdade, escolha, decisão, iniciativa supõe e expõe o poder primeiro do *não*, para e em sua efetividade: quem não pode dizer não, não pronuncia um sim livre, quem não pode recusar não pode consentir ou dar. E toda a nossa existência somente é história própria ao assumir em todos os seus momentos espirituais a independência nativa, verdade do dom-*dado* e, portanto, liberdade no próprio âmago da passividade ontológica que é o ser oferecido a si. Desse modo, com efeito, todo acontecimento de liberdade faz advir seu ato positivo como fruto de uma negação da negação. Ora, o mesmo não vale para a infinita liberdade em seu ato eterno.

O dom absoluto de si em e ao seu ato puro é *efusão-Princípio*, na infinita positividade de sua potência ontogênica. É o *positivo*, então, *que é primeiro*, que é, não o que começa absolutamente, mas aquilo pelo que o começo *é*. Sem dúvida, *o* que começa é indistinto do próprio começo, por isso nenhum anterior o relativiza, por isso nenhuma antecipação de si mesmo distingue o conteúdo do ato. Mas, justamente, essa identidade da forma-ato e do ser em ato, como absoluta iniciativa ontológica, tem um só e único sentido: o dom infinito de si, dom da infinita potência em seu Ato-dom. Outrossim, se o dom se dá, *como tal*, dá a infinita potência que ele é, então, em seu autoengendramento, o divino é Deus, eterna e positivamente. A eternidade significando univocamente a identidade do outro consigo, de si em seu dom, sem resto nem perda, nem fissura, nem distância de um distendimento, nem alteração partitiva.

Verifica-se mais uma vez, no âmago especulativo da ontologia do espírito, que o *dom* contém a inteligibilidade do *ser*. Quando se dissipam as representações recorrentes, quando o "sem começo" do começo regenera os conceitos negativos (*Un-Grund, Un-Zeit*) [156] para esvaziá-los no não-pensável abissal (*Ur-Grund, Ur-Zeit*), quando a inicial "força negativa" que contradiz a iniciativa se mostra totalmente antropomórfica e remete ao "imemorial" insondável, só nos fixa em sua luz pura o dom, em seu conceito positivo pleno, que não é um conceito, mas sim *o* Conceito ontológico. Eterno é o Espírito absoluto, pois ele é seu próprio dom, Princípio sem princípio, por inteiro no que ele funda, começa, comanda, Presença absoluta de si em seu "presente", em sua oferta infinita.

É então, e somente então, que se convertem em sua verdade as três Épocas do eterno, segundo a plenitude meta-histórica dos "tempos". Mas é também nessa última concepção do Espírito absoluto que nossa história, a história que é a existência de cada ser de dom, se experimenta como falta, espera, da "História eterna", que é sua fonte doadora.

O "presente eterno", Expressão perfeita da infinita potência, ato que carrega em si mesmo a liberdade total que nele se dá, é imediatamente transfiguração do Dado em Ato de dar, Tabor eterno graças a essa imediatidade de presença total, em seu Fruto, da seiva doadora. Enquanto nós não podemos nos dar aos nossos atos, fazer passar nosso ser ao presente de nossas iniciativas, enquanto nós só estamos presentes para nós mesmos e para os outros a partir do mundo que passa e apaga, o presente divino, ser de pura graça, apresenta em si, infinitamente, a efusão doadora absoluta.

O "passado eterno", infinita potência originária, é passagem imediata de si no presente de seu ato. Só há, pois, "passado" como "passagem" efusiva da efusão, dom dado ao seu dom, dom-nascido sem passividade, e não como memorial de uma negatividade submissa. Enquanto temos nosso passado somente pela memória daquilo que não é mais, presença do que está ausente pela lembrança, o "passado eterno" está presente infinitamente em sua Expressão. Mas esta é redição ao Princípio do dom que ela é, divina restituição em troca, oferenda em retorno, deposição de si ao Si que o habita, admissão de secundaridade em sua primazia dada. Onde apenas somos nostalgia do passado, secreto desejo de nos encontrarmos em nossa lembrança, de nos restituirmos assim a nós mesmos, o eterno presente se restitui [157] imediatamente à sua Fonte imanente. E sabemos, pela análise do ato puro como unidade de sua reflexão e de sua expressão, que a Redição não produz nem afastamento nem tempo sucessivo. Nem sucessão, nem abstrata simultaneidade, a forma do Ato-Verbo só é absoluta quando conformada à abnegação reflexiva que apresenta à Origem o presente do Dom.

O "Futuro eterno" é confirmação da Expressão, cumprimento da Generosidade do engendramento, afirmação conclusiva do ritmo da troca espiritual. O eterno é persistência do dom de si, sobrecarregando a efusão restituída, com sua positividade doadora absoluta. Em consequência, podemos evocar uma negação da negação, mas somente como confirmação da Afirmação originária, na identidade do ato em que o infinito se dá absolutamente. Enquanto o futuro é para nós apenas antecipação, na ausência do ainda-não, presença, pela imaginação, do que está ausente, o "futuro eterno" é cumprimento pleno do Presente que ele confirma. E assim como a memória é obra de narrativa, de linguagem, de pensamento, assim também a antecipação projetiva é uma obra noética: somente o pensamento apresenta a existência em sua ausência. Esse é em nós o sulco deixado pelo Verbo no qual e pelo qual são copresentes as Três Épocas eternas. As palavras da lembrança, as palavras da antecipação traduzem em nossa história a Palavra divina eternamente proferida. Mas, mais que traduções, elas são empréstimos e derivações, na existência espiritual, por liberalidade criadora.

Enquanto a copresença contemporânea do eterno no tempo do mundo era revogada pela eternidade negativa — ausência de todo tempo — e remetida à sua realidade totalmente humana, a copresença eterna diz adequadamente a unidade da troca divina que é o Absoluto do espírito. Eterna metahistória, não recapitulativa da história dos homens no curso do tempo natural, mas assuntiva, para a esperança, da história espiritual de cada ser de espírito. Bastaria neste caso a salvação de Deus.

3. O espírito em Deus

1. O espírito absoluto e a problemática trinitária

A afirmação de Deus se expõe como a identidade necessária, especulativamente colocada à prova, do absoluto, do ser e do espírito. Mas embora ela esteja concluída conceitualmente, pelo pensamento sem o lastro das religiões históricas, essa identidade é o dado do pensamento do cristianismo. É à escuta dele, suscitado por ele, que se enuncia em proposições universais a equivalência do divino e de Deus, do ser e do Espírito absoluto, mas deixando em suspenso todo ato de fé, afastada toda representação religiosa. E o primeiro procedimento, em que da contingência de uma expressão religiosa se desenvolvia uma necessidade conceitual, era a mediação da prova ontológica.

No entanto, os filósofos geralmente cessam de ouvir a religião, satisfeitos com sua inspiração imprecisa e parcial, dado que se julgam capazes de afirmar um Deus pessoal. A teologia trinitária, na qual se situa essa afirmação, não afeta sua problemática: eles a ocultam no registro das particularidades esotéricas, seladas para o pensamento universal. É verdade que as próprias pessoas de fé forjaram o interdito quando brandiram a palavra "mistério", como se grita "proibido entrar"! Mas a inteligência da fé contradiz a "falsa humildade" do fideísmo preguiçoso.

Que Deus seja Espírito seria um tema filosófico. Que Deus seja [160] tripessoal seria apenas uma obscura asserção, encerrada em uma revelação religiosa que proclama o ininteligível. E isso a tal ponto que os autores que quiseram forçar a clausura do "mistério", como Schelling ou Hegel, parecem exemplares da confusão dos gêneros filosóficos e teológicos! Impossível, entretanto, ler em pedaços disjuntos o dado do cristianismo, extrair a ideia de um Deus pessoal e abandonar a afirmação trinitária: ambas são oferecidas ao conceito de uma só vez, na unidade indivisa da fé. A tal ponto que o Deus tripessoal é dado como verdade necessária do Deus-pessoa, não como um comentário aleatório e justaposto, tardio e substituível. É a pensar essa indivisa unidade que nos provoca o cristianismo, segundo uma primeira alternativa: ou o Deus trinitário, ou o divino impessoal que, por não ser Espírito, não possui ser. O que isso significa?

Identificar Espírito absoluto à "Pessoa" não parece algo imediatamente evidente. Por um lado, com efeito, essa identificação parece ter uma função unicamente negativa: ela exclui o impessoal igualmente atribuível à indeterminação e ao ser natural. Por outro lado, tomado das relações intersubjetivas, o termo "pessoa" é de acepção antropológica e, portanto, suspeito de emprego antropomórfico.

Examinemos essas duas instâncias que fecham o acesso à problemática trinitária cujos termos são ininteligíveis sem o conceito de "pessoa".

Se o absoluto é espírito, é sem dúvida porque ele não é nem o divino indeterminado cuja equivalência com o nada poderia ser pronunciada por nós, nem a coisa morta, nem o indivíduo efêmero de uma espécie. Mas há apenas uma maneira de recusar a assimilação à natureza para manter o rigor do conceito de absoluto sem ceder ao abismo do vazio, da indeterminação: concluir, como uma unívoca necessidade, do absoluto à absoluta liberdade. O absoluto, com efeito, e é preciso repeti-lo incansavelmente, não é absolutamente absoluto, portanto não absoluto, se ele não for absolutamente livre. Desse modo, atribuída ao absoluto necessariamente, a liberdade divina diz, *positivamente*, o pessoal, dado que ela é conceito espiritual. O Espírito absoluto é pessoal, eis o que significa sua absoluta liberdade, liberdade na positividade e na total independência de si mesma. E [161], com razão, somente distinguimos liberdade e espírito segundo uma medida antropológica, em que o ser de espírito não é esgotável em seus atos de liberdade. Absolutamente, na pureza de seu conceito, espírito não diz mais que liberdade absoluta, liberdade viva do ritmo de sua infinidade, no absoluto saber de si, que a potência ilimitada como ato de si mesma implica.

Entretanto, embora "pessoa" implique "liberdade", os dois termos não parecem ser equivalentes: o Espírito absoluto seria pessoal, segundo uma atribuição aproximativa, sem ser uma Pessoa. Com efeito, "pessoa" possui duas significações, próprias do espírito finito, em seu emprego constante. Em primeiro lugar o oculto, inesgotável em sua própria expressão, segundo a origem da palavra latina: a máscara. Mas, sobretudo, pessoa é um conceito de relação que encerra o particular e, portanto, o múltiplo. O definido do finito lhe é necessário: *uma* pessoa; o particular substancial da liberdade singular também *esta* pessoa. O insubstituível da pessoa está no plural das pessoas. O um exclusivo é aqui "alguém", entre outros. Como dizer, sem perder o rigor, que Deus é *qualquer-Um*[1]? Desse modo, ao atribuir a pessoa ao Espírito absoluto, nós o consideramos, ao que parece, não em e para si mesmo, mas em relação a nós, segundo um vocábulo tomado do espírito finito e segundo a referência religiosa ao Deus oculto na própria revelação, na forma de um entre nós. Mas assim como o pensamento do Espírito criador conclui que ele é absolutamente ele próprio sem profusão criadora, sem dar o que ele não é, assim também o conceito de revelação diz que Deus se revela tal como ele é, independentemente de sua revelação, por mais imperfeita que esta seja. Não será preciso concluir disso que "pessoa" só é atribuível a Deus segundo sua dupla relação contingente de criador e de revelação à criatura? Que, por conseguinte, "pessoa" não é um nome divino necessário, a despeito do espírito livre que ele implica?

Não é correto dizer, entretanto, que "pessoa" seja um conceito puramente antropológico, equivocadamente atribuído a Deus, ao Espírito absoluto. Ao contrário, é por um teomorfismo significativo que atribuímos o termo ao espírito finito, como seu conceito recíproco. E, se queremos falar

1. Bruaire joga com a palavra francesa *quelqu'un*, que significa "alguém". (N. do R. T.)

em analogia, é sob a condição de [162] precisar que o Absoluto do espírito é verdade do ser pessoal, e que nos é dado ser uma pessoa somente à exata medida que nos é dado ser espírito, que nosso espírito é ser-de-dom. E é preciso justificar isso claramente.

Um ser somente é uma pessoa se ele é, em e por si mesmo, relação constitutiva de seu ser. Não apenas um ser privado de toda relação, fechado, enclausurado, como uma mônada incapaz do outro, condenada à sua identidade exclusiva, não seria uma pessoa: um ser para nada nem ninguém não é um ser pessoal. Mas também um ser que só tivesse relações aleatórias, incertas, contingentes, seria apenas um ser que tenta ser uma pessoa, que dificilmente continuaria a sê-lo, que corre o risco de não ser ou de não ser mais uma pessoa. O primeiro caso é exatamente a caricatura do absoluto, do divino estranho a si mesmo, privado de saber de si, de reflexão espiritual tanto quanto de infinita potência de ser. O Uno de Plotino é impessoal, mas, na mesma intensidade e como sua mímica humana, cada um de nós o é também, à medida que se fecha para o outro, tende a realizar a indiferença para experimentar a independência irrelativa, ao preço de tornar-se estranho para si mesmo, alienado. O segundo caso está inscrito na lógica de nossa existência. Por não sermos nossa própria origem, o outro não possui uma relação substancial com o ser de nosso espírito. Pois dados a nós mesmos não somos em troca de ser, em relação recíproca ontológica com o autor de nosso ser. Por isso o homem é necessidade de seu Outro, espera de Deus, e nossas relações com os outros-semelhantes, por mais íntimas ou comuniais que sejam, por mais indispensáveis e duráveis que sejam, são sobrecarregadas pela contingência dos encontros, das relações familiares ou sociais, contingência que atesta a solidão no âmago da união, o fechamento no centro da vontade disponível, a distância insuperável na proximidade mais próxima. É por isso também que o outro se exprime somente guardando seu segredo: a relação pessoal é perseguida apenas entre máscaras.

Há, portanto, um total engano em adiantar precipitadamente, a partir de uma consciência fechada, de uma existência insular, de um refúgio inacessível em si mesmo, uma existência na forma de Deus, segundo a ideia negativa do absoluto que é apenas contradição idolátrica. O absoluto, o Outro absoluto, é [163] infinita liberdade do espírito que é absoluto dom de si a si. Somente o espírito finito, por ter sido dado a si mesmo, porque seu ser não é o ato de dar o ser, está livre para se recusar, pondo em risco a animação de sua vida. E é a recusa de si que constitui a imagem idolátrica do Estrangeiro inanimado, figura de nosso espírito alienado em sua infernal solidão. O divino é Deus, o absoluto é espírito absoluto, não porque ele seja a irrelativa divindade morta em seu ser impessoal, fixado para a eternidade, sem voz nem rosto, mas porque ele é, em e para si mesmo, a infinita troca de ser, absoluta expressão de si a si, dom infinito de si em si, no inesgotável ritmo espiritual de sua Vida. O distanciamento em relação ao outro indica a distância em relação a si mesmo; é a proximidade que nos restitui a nós mesmos. E Deus é nosso Outro somente pela infinita comunhão consigo mesmo, que se oferece, pela criação, em total proximidade conosco.

Esse é justamente o dado oferecido ao nosso pensamento na problemática trinitária: o Espírito divino não é pessoal em relação a nós, segundo uma relação em que seu ser não estaria necessariamente em jogo. Ele é Espírito pessoal em si mesmo, relação em si mesmo, segundo uma reciprocidade de relações ontológicas que ele é, para e por si mesmo. Além disso, a reciprocidade doadora não divide, não é uma ruptura de uma unidade, nem artificial reconstituição desta, e o Espírito absoluto não se duplica, segundo uma partição impensável que todo maniqueísmo erige em sistema, mas ele é uno, e para isso, e por isso, três. Então, o jogo aritmológico que justapõe, divide e compõe, manipula indefinidamente elementos disjuntos e distantes no espaço representado, números impessoais privados de relações internas, esse jogo indefinido, cansativo, estúpido, delirante, está fora do jogo. Compreender é aqui começar a pensar pela relação pessoal, que não resulta de seu contrário, que não é nem resultado nem construção. Mas a dificuldade da problemática não pode ser dissimulada pelo esquecimento de sua *dupla instância*, que a filosofia especulativa deve, pelo contrário, recolher em sua viva aporética. Em primeiro lugar, a tese trinitária diz que Deus é pessoal tanto em sua unidade como em sua triplicidade. Mas a esta se liga outra [164] asserção que interpela a ontologia do espírito: Deus é espírito em sua unidade e Espírito como pessoa *em* Deus. Precisemos essas duas instâncias uma a uma.

a / Deus é pessoal tanto em sua unidade como em sua triplicidade

A crítica fundamental dos teólogos orientais ortodoxos ao pensamento trinitário católico, à sua exposição padrão de Tomás de Aquino, incide, como se sabe, sobre esse ponto capital[2]. Em sua unidade, Deus seria apenas deidade impessoal, da qual procederiam, por relações de origem, geradoras, as três pessoas divinas. Assim, evitando a dificuldade especulativa, a doutrina tomista assimilaria a unidade divina ao denominador comum de uma natureza, ou essência, impessoal. As outras críticas a essa doutrina seriam as inevitáveis consequências desse erro principial, como o filioquismo e o subordinacionismo dele resultantes.

Embora seja verdade que a vulgarização da tese tomista frequentemente apresente tal distorção da problemática trinitária, o texto magistral de Tomás de Aquino está longe de apresentar tal simplificação. Examinemos mais de perto essa exposição da *Suma*.

Primeiramente, é o conceito de "pessoa" que deve ser examinado. Como a célebre definição de Boécio foi adotada — *rationalis naturae individua substantia* —, a tarefa inicial é definir "substância". Mas aqui a acepção aristotélica é dupla: a οὐσία, ou quididade, e a hipóstase, ou *suppositum*, que o sujeito proposicional transcreve, oposto ao acidente[3]. No primeiro sentido, substância corre o risco de repetir "natureza", se esse termo expressa exatamente a essência por sua diferença específica[4]. No segundo, substância constitui um duplo emprego com "indivíduo", se o indivíduo é substância primeira. Nesse primeiro nível categorial, está claro que a exposição sofre de uma dificuldade ontológica geral herdada de Aristóteles. Pois em nenhum lugar é demonstrada a reciprocidade da essência e da hipóstase na identidade do [165] divino. E será essa duplicidade original de sentido, para "substância", que relaxará o vínculo entre "natureza" e "pessoa", tornando plausível a "natureza impessoal" da *deitas*.

Entretanto, Santo Tomás corrige duplamente, com a doutrina trinitária, essa ambiguidade aristotélica. Primeiramente, é a expressão "*rationalis naturae*" que é definida em termos muito próximos do "sujeito",

---

2. Pode-se encontrar uma excelente exposição dessa polêmica em *Le Paraclet*, de Serge Boulgakov, Paris, Aubier, 1955.

3. *Sum. Theol.*, Ia Pars, Q. 29, art. 2, *conclusio*.

4. Ibid., Q. 29, art. 1, ad. 4.

no sentido moderno da palavra. *Rationalis*, com efeito, designa o *dominium sui actus*[5] nos seres que agem por si mesmos. Domínio do ato, o *compos sui* do sujeito significa exatamente isso. Liberdade singular, dirão os modernos, eis o que faz tender a "natureza racional" da definição classificatória à pessoa dona de si mesma. Além disso, como "pessoa" designa o que, da natureza, é o mais perfeito[6], há em Santo Tomás um esforço para exaltar seu sentido antropológico, para fazer convir com o divino (*excellentiori modo*). Ele aceita então a definição de Ricardo de São Vítor da pessoa divina: *divinae naturae incommunicabilis existentia*. O incomunicável da existência expressa assim a natureza divina de um modo totalmente diferente de uma essência impessoal. Mas o debate mais importante diz respeito ao termo *relação*.

Sem dúvida as relações de origem não são realmente distintas em Deus *secundum absolutum*, o que se diz da essência, como a unidade e a simplicidade, mas *respectivum*, segundo uma *oppositio relativa*[7]. Persiste, desse modo, o equívoco entre natureza (ou essência) e pessoa, ao mesmo tempo, contudo, em que nosso autor oferece um princípio de distinção real por oposição relativa. Reais, distintas, as relações são subsistentes, hipostáticas e não acidentais. É então rigorosamente exposta a identidade entre relação e pessoa individual. A paternidade é indistinta do Pai, assim como a filiação o é do Filho e a processão, do Espírito. Em consequência, pela identidade, própria a Deus, da pessoa e da *relatio ut subsistens*, todo impessoalismo é rejeitado relativamente às pessoas. Resta a [166] dificuldade, no entanto, da distinção pessoa-natureza. Distinção que Santo Tomás apaga de maneira parcial mas eficaz, sempre pelo emprego resoluto do conceito de relação.

Em referência precisa aos teólogos que, aqui, beiraram a heresia, Tomás de Aquino distingue dois partidos opostos. Uns dizem que *pessoa* significa *in recto* a essência, ou natureza, e as relações *in obliquo*. Os outros, inversamente, sustentam que pessoa designa diretamente ou adequadamente as relações, e indiretamente a natureza. A preferência de nosso autor não possui nenhuma ambiguidade, ela se dirige ao segundo

5. *Sum. Theol.*, Ia Pars, Q. 29, art. 1, *conclusio*.
6. Ibid., Q. 29, art. 3, ad. 4.
7. Ibid., Q. 28, art. 3, *conclusio*.

partido[8]. Por quê? Porque, explica ele longamente, a pessoa exprime o indivíduo distinto dos outros. Ao contrário, a essência diz a definição comum, não a substância individual exclusiva de outros da mesma natureza. E sem dúvida a natureza divina implica a *subsistentia*, uma vez que esse conceito significa o que existe *per se*[9]. Mas, levado ao extremo, esse argumento — que, aliás, convidaria à prova ontológica — nos faria esquecer a *unicidade* de Deus. Deus não é, em sua unidade, relação com um outro. O monoteísmo é aqui rigoroso. Por conseguinte, é forçoso concluir que Deus, em sua unidade de natureza, somente é pessoa *in obliquo*, pela mediação das relações subsistentes. Mas que não haja engano aqui! Como a relação em Deus não é acidental, ela é a própria essência divina. *Ergo Deitas est Deus* et *subsistens in natura divina non est aliud quam natura divina*[10].

Entretanto, Santo Tomás não percebe que, entre os dois partidos que ele opõe, não se deveria escolher, mas sim reconciliá-los. Os dois expressam, somente *juntos*, o pensamento trinitário íntegro. O que significa a absoluta reciprocidade das duas proposições: Deus é pessoal pela triplicidade das pessoas; Deus é tripessoal porque ele é uma pessoa. Por não manter, por meio dessa reciprocidade, a dificuldade em sua altura especulativa, a escolha tomista pode suscitar a adesão silenciosa a um triteísmo latente. É muito difícil manter [167] distância de Ário quando nos opomos com sucesso ao modalismo de Sabélio[11].

Escrutar atentamente a argumentação tomista nos faz descobrir, contudo, o motivo fundamental de sua posição unilateral em relação à unitripersonalidade divina. A radical afirmação monoteísta, eis o motivo, aviva a unicidade de Deus: sua *singularidade exclusiva* tira toda implicação de *particularidade* do ser divino considerado em sua unidade. Desse modo, Deus é universal porque ele é o Único, e essa universalidade essencial, indistinta de sua singularidade, é pensada como abstração de toda particularidade, de toda *proprietas* expressamente reservada às três pessoas. Aparente é a velha objeção da quarta pessoa por "propriedade intrínseca da Unidade". Pois o que está em causa é que Deus, o Único, tenha *um rosto*,

8. *Sum. Theol.*, Ia Pars, Q. 29, art. 4, *conclusio*.
9. Ibid., Q. 29, art. 2, *conclusio*.
10. Ibid., Q. 29, art. 4, *conclusio*.
11. *Sum. Theol.*, Ia Pars, Q. 31, art. 2, *conclusio*.

uma *maneira de ser* de seu ser unitário e pessoal. Enfim, é crucialmente para o teólogo que Deus se dá na total surpresa de sua revelação como *alguém*, indedutível da essência do divino. Mas precisamente para que o "alguém" não signifique um dentre outros, uma parte de um conjunto politeísta, é preciso necessariamente que Deus seja universal em e para si mesmo, singular em e para si mesmo, pela concreção interna da particularidade única do Si mesmo. Eis o que o cristianismo acrescenta ao monoteísmo como a afirmação da verdade tripessoal do Único: *Ipsum esse subsistens*. O que Hegel compreendeu muito lucidamente, a despeito da parcialidade de sua especulação trinitária, que devemos atualizar.

b / Deus é espírito em sua unidade e Espírito como pessoa em Deus

A mesma proclamação do cristianismo afirma que Deus é espírito *e* que o Espírito é uma pessoa em Deus, "o Espírito santo". Eis algo que reaviva a dificuldade precedente sem se sobrepor a ela, mas recurvando a problemática trinitária na direção da ontologia do espírito. Com efeito, se o absoluto, em sua total liberdade indivisa, é Espírito absoluto, como é que ele seria ele próprio e seu outro, outro de si para ser [168] si mesmo? Mas, por outro lado, se o Espírito é pessoa *em* Deus, como compreender a absoluta espiritualidade do absoluto, na unidade de si mesma, sem concebê-la de maneira impessoal? O Espírito seria Sujeito como terceira pessoa, mas atributo necessário da unidade pessoal de Deus. Nesse caso, em que sentido a Pessoa que é a absoluta unidade divina seria não espiritual, uma vez que Deus e o espírito não são termos conversíveis? Mas o que significa um atributo que não seria conversível com o sujeito divino? Um nome de empréstimo, uma propriedade necessária mas não substancial? Não é isso um grande absurdo? E isso não é tudo, pois as duas outras pessoas reavivam duas vezes o mesmo problema: o Pai, se não é o Espírito, como é ele espírito, para ser divino? E o mesmo se dá com o Filho, embora a identidade afirmada da filiação com o Verbo, segundo a *processio secundum actionem intellectus*, ofereça da segunda Pessoa uma propriedade espiritual, a da Expressão, da automanifestação em que a inteligência em ato é sua própria inteligibilidade absoluta. Mas o ato absoluto de geração, a paternidade constitutiva do Pai seria, ao menos em representação, isenta de espiritualidade, em sua monarquia originária.

Por isso, distante das querelas apaixonadas sobre o *Filioque*, a tese oriental marcava, em sua crítica, um ponto importante. Se, com efeito, a origem processiva pertence ao Pai e ao Filho, segundo a comum *spiratio*, ou processão do amor — comunidade de origem do Espírito que, segundo Santo Tomás, rejeita a objeção das quatro Pessoas por quatro relações (paternidade, filiação, espiração, processão) —, então parece que o Espírito "terceira" Pessoa não desempenha nenhum papel de origem por uma espécie de infecundidade constitutiva à qual ele seria o único, por assim dizer, condenado. Isso não seria uma forma de subordinacionismo? E como, então, pensar a pericorese, segundo a qual cada Pessoa permite a troca ontológica trinitária? Qual é, definitivamente, o papel próprio do Espírito em Deus, na vida circum-incessiva? O dom de amor lhe é próprio, sem dúvida, em nosso modo de ver, na sua mediação de Paráclito. Mas o que ele dá, em Deus, por sua mediação singular? É verdade que, ao levantar essas questões, a crítica ortodoxa não forneceu [169] resposta à altura. De um lado, a substituição da comum processão do Espírito, de sua processão "do Pai pelo Filho", não elimina a suspeita evocada da esterilidade do Espírito; de outro lado, essa crítica conduz a recusar a ideia necessária de relação de origem e, por conseguinte, a do Dom do ser, em proveito de uma tese limitada à automanifestação, à "correvelação". Manifestação e dom, revelação e origem ontológica devem ser pensados conjuntamente. E é precisamente o conceito de Dom de Si que pode permitir isso, como será preciso mostrar.

Recordamos essas aporias dos teólogos somente porque elas não podem ser apagadas da problemática trinitária que se oferece ao pensamento especulativo como filosofia puramente racional. E uma vez que Hegel, como filósofo, tentou resolvê-la sistematicamente é preciso começar pelo exame de sua tese.

2. Hegel e a absoluta negatividade do espírito

Nenhum filósofo, nos tempos modernos, consagrou-se como Hegel a pensar, ensinar e expor sistematicamente a trindade divina. A ponto de não tomar, ao que parece, nenhuma precaução para distinguir, a esse respeito sobretudo, a especificidade teológica da elaboração filosófica. Mas precisamente o conteúdo da especulação trinitária implica essa indistinção das tarefas, dos domínios, dos "objetos formais". Hegel, com efeito, recebe o dado do cristianismo como revelação que se pensa, em verdade, em um discurso que responde sistematicamente às interrogações filosóficas. É que a trindade divina, longe de ser uma aleatória especulação do cristianismo, diz o Espírito absoluto como ontologia e autologia do ser. De tal modo que, em todas as suas proposições, o sistema filosófico deve sua sistematicidade a uma tese principial e última sobre o absoluto do espírito, enunciada nos termos do Deus trinitário. Tese que exprime o ato espiritual, que dá sentido ao ser, como *absoluta negatividade original*, autogênese do Deus pessoal. O que isso significa?

Nada é mais surpreendente, para quem examina a história recente das filosofias, que a posição de Hegel desafiando todos os nossos hábitos [170] de pensar, em termos de ruptura, o ser natural e o espírito humano. Mas, sobretudo, nenhum filósofo denunciou mais lucidamente a divisão do saber em conhecimento da matéria e ciências formais, a ponto de escrever a demonstração da equivalência entre o naturalismo, ou materialismo, e o formalismo. A lógica é, para Hegel, lógica do ser, na medida em que ela é lógica do espírito que não pode ser compreendido como espírito finito, mas apenas como Espírito absoluto. Voltaremos a este ponto, mas convém imediatamente fazer duas observações. Por um lado, para a inteligência do autor, é vão tentar a exegese de pedaços dos textos, nem por uma hermenêutica, nem por uma formalização. É impossível, por conseguinte, decapitar o conjunto enciclopédico da exposição sobre o Espírito absoluto, alicerce e princípio de inteligibilidade de cada momento discursivo. Mas, por outro lado, atribuir a Hegel — seguindo Heidegger — uma onto-teologia que exprime, na noite da metafísica, a identidade entre o ser e o Ente, sob o disfarce de uma redução do ser ao Saber do Saber, é tanto ignorar os escritos como enganar-se sobre o empreendimento sistemático. Este último ponto é decisivo.

Faz parte das intenções de Hegel expor uma ontologia, sob a condição de conceber o ser como, de e pelo espírito. O que impede de compreender o absoluto — o Uno, o divino — como o outro de Deus, ao modo plotiniano. O ser, de si, o ser que é simplesmente ser, não é *nada*, em sua pura identidade que é indeterminação absoluta. Ele é pura penúria de sentido, de essência. O Uno, para além da concreção do que ele é singularmente, é apenas abstrata e imediata universalidade, a do ser que Deus não é, porque ele é pura ausência. É, portanto, uma mesma coisa manter o Deus pessoal distante do ser e reconhecê-lo como negado e confirmado pelo ato do Espírito. Sob a condição de conceber essa confirmação como negação redobrada, repetida, negando o que nega o ser em sua abstração pura. Ou então Deus só é o Uno se ele é o Único na concreção de sua particularidade pessoal restituída, demitida, renegada para identificar-se com o Universal do ser. Oposição entre o Uno e o Único, entre o Universal e o particular, entre o Pai e o Filho monogênito. Mas oposição absolvida pelo mesmo Espírito que a põe. Assim se pensa uma [171] ontogênese do Sujeito divino na qual a triplicidade pessoal vai se conceber sistematicamente. Acabamos de reconhecer sua instância apenas para situar a elaboração especulativa, estranha a tantos críticos. Na verdade, a única crítica que atinge o alvo, entre tantos equívocos, é a que nega o absoluto do espírito, reduzindo a herança hegeliana despedaçada a uma dialética naturalista. Feuerbach e Marx viram corretamente: Hegel não é nada sem sua ontologia do Espírito absoluto que o ateísmo revoga. Nada, sobretudo não um racionalista "produzindo" uma teologia envergonhada.

Contudo, frequentemente é a acusação de racionalismo que lhe é dirigida. Mas o importante, aqui também, não é a ignorância ou o esquecimento. Quando se repete a fórmula da *Introdução à Filosofia do Direito*, "Tudo o que é racional é real; tudo o que é real é racional", para recomeçar o processo do racionalismo, esquece-se que "real" não significa mais o sensível ou "o estado de coisa", que "racional" não significa mais a abstração do entendimento. O autor, no entanto, elaborou com grande precisão essas categorias. Bastaria recordar que ele repudiou, com tanta força crítica quanto Kierkegaard, a *filosofia das Luzes* e seu racionalismo dissolvente da fé, aquele precisamente que lhe é imputado. Mas para nossos objetivos o essencial aqui é a estreita e inseparável articulação entre o pensamento e o espírito, entre o *lógico* e o *espiritual* que a filosofia de Hegel pronuncia e promove. A lógica, o sentido determinado que ela diz é, como o ser, por e para o Espírito absoluto. Ela lhe deve, precisamente, o fato de exprimir o ser em si mesma sem dissolvê-lo nela e sem permanecer distante como as palavras inocentes das coisas. Eis o que nos traz de volta à ontogênese do absoluto e, por conseguinte, à especulação trinitária que nela é concebida.

Se o ser, como pura identidade do Uno, é determinado em sua expressão, ele é negado nesta última, justamente por isso. Toda expressão é manifesto particular, determinado, justamente quando ela é o Único, o Verbo monogênito. Não que a determinação exprimida seja aleatória, substituível, como uma palavra humana o é por uma outra. Mas a Palavra que diz todo o ser fixa-o à sua determinação: ela não é particular por ser apenas uma parte, mas por atestar uma [172] partição, divisão, alteridade que nega o mesmo. E é por isso que ela se opõe a ele ao mesmo tempo que é posta como sua Voz, seu Verbo. Mas a oposição ao ser indeterminado se apaga por restituição, retorno reflexivo, "contragolpe" espiritual: a mesma potência que nega a identidade indeterminada do Uno opondo-o à particularidade, renega a alteridade desta última, forçando-a na direção do ser universal, segundo uma negação da negação que apaga a ruptura, faz da particularidade do Verbo a do Uno universal. De tal modo que o divino é Deus por e no Espírito que é sua verdade e sua vida plena.

Um primeiro ponto se precisa: Deus, por ser autoconstituído de negatividade espiritual, é um Deus *pessoal em sua unidade*. Por esse *duplo jogo* da potência do negativo, o ser desprende-se de sua identidade abstrata, quando a determinação é sua própria expressão que, pode-se dizer, preenche sua vacuidade original, *e* porque o Verbo o profere quando o ato singular do Espírito reúne a expressão ao ser universal divino, negando a exterioridade de uma alteridade partitiva. O Verbo estaria fora do divino, como seu outro, como o extremo do Mal, como Natureza divina decaída na forma de mundo finito, material, se a reflexão espiritual não reconduzisse o particular ao universal, a expressão ao expressado, para que o Único seja e permaneça sendo o Uno, o divino idêntico, o universal em e para si mesmo. Ora, é assim, segundo Hegel, e só assim, que pode ser concebida a pessoa divina[12], como "liberdade em seu ser para-si infinito... tendo assim a determinação da identidade consigo, a universalidade". O infinito,

12. Remetemos, para a exposição precisa e sistemática da tese trinitária de Hegel, ao nosso livro *Logique et religion chrétienne dans la philosophie de Hegel*. Paris: Seuil, 1964. Trata-se aqui de atualizar, em função de nossa problemática, o estatuto preciso do Espírito divino segundo esse autor.

negação de toda limitação, da própria particularidade da natureza de Deus que a Expressão revela, é indiscernível da liberdade absoluta que é libertação da indeterminação do Uno e conversão da determinação à identidade pura do universal originário: autodeterminação absoluta pela negatividade onipotente que é o Espírito em seu ato. A pessoa é concreta singularidade espiritual na unidade consigo mesma; ela é divina, pois sua maneira de ser determinada é [173] autoconstituída na onipotência do negativo, que liberta da penúria principial, da identidade abstrata, e liga, converte o ser-posto da natureza de Deus à identidade concreta *e* universal.

Assim é dada uma resposta à primeira interrogação da problemática trinitária. Deus é pessoal em sua unidade, não para nós mas em si mesmo, pelo jogo ganhador do Uno-universal e do Único singular, jogo duplo que põe e depõe a natureza particular: Deus é ao mesmo tempo o Uno e alguém. Mas está claro que essa tese é inteiramente comandada pelo princípio da onipotência do negativo espiritual e não pelo de uma positiva superabundância da efusão paterna. Não apenas o Espírito é aqui o ato constitutivo da vida e do ser de Deus, longe de aparecer como "produto" processivo, mas sobretudo a negatividade infinita que nega, absolve a abstração do Uno e, em um mesmo ato, nega essa negação, é compreendida como um movimento de *abnegação*, de silenciosa discrição na operação onipotente da autogênese do Deus pessoal. Eis o que confere à ontologia espiritual de Hegel toda a sua originalidade mas também, pela parcialidade decidida de seu pensamento, toda a sua fragilidade. Entretanto, é por essa abnegativa negatividade que se expõe a triplicidade das pessoas, equivalente à unidade, como se concebe a diferença em Deus do Espírito santo, "terceira" pessoa.

A pessoa é renúncia extrema a si e, portanto, apagamento para e diante de seu outro. Esse é, segundo Hegel, o fundamento da *relação* interpessoal, intradivina. A identidade do Uno e do Triplo é então exposta no nível lógico do conceito e sistematicamente ordenada segundo a teoria da tripla unidade silogística. Mas o eixo doutrinal, princípio e pivô do conjunto, permanece o da *Reflexão*, que Hegel expõe na lógica da Essência[13]. O cadinho do ser é e continua sendo o ato infinito da absoluta negatividade em sua represen-

13. Cf. op. cit., p. 87-90. Antiplotiniana, a tese hegeliana, contudo, é uma retomada sistemática da ἐπιστροφή, do ato espiritual de conversão, tema recebido de Proclo e traduzido pelo termo *Reflexão*.

tação circular. Circularidade, circuito infinito da negatividade redobrada que se compreende como "círculo de círculo", cada um dos três [174] polos — universal, particular, singular — podendo ser ponto de chegada ou de partida para ele mesmo. O que só adquire um sentido preciso pela tripla mediação que cada "momento" cumpre em proveito dos dois outros. Obra-prima do pensamento especulativo, o edifício silogístico oferece a tripla constituição do Pai, do Filho e do Espírito na única autoconstituição do divino como Deus pessoal[14].

Única é a autogênese na qual a diferença hipostática do Espírito é verificada no âmago do ato divino, em sua unidade espiritual. Aqui se situa a resposta hegeliana à outra grande interrogação: como Deus é espírito em sua unidade *e* Espírito em sua diferença. Terceira pessoa? Tentemos apreendê-la adequadamente para salientar a singular doutrina do espírito que está em ação aqui. O terceiro silogismo, unidade dos dois outros, diz a partição do universal divino em Espírito e Natureza, Espírito e Filho em termos teológicos. Recordemos o dispositivo[15]:

Espírito	—	Pai	—	Filho
(singularidade)		(universalidade)		(particularidade)

Tenhamos em mente duas precisões capitais Por um lado, esse silogismo terceiro, de forma disjuntiva, tem como primeira premissa o primeiro silogismo (em que o Filho-Natureza é termo médio). Ele é, pois, a unidade originária da Uni-trinitaridade, segundo a forma desenvolvida[16]:

Espírito — (Filho) — *Pai* — (Espírito) — *Filho*

Mas, por outro lado, o Pai é meio e matriz dessa terceira mediação, implicando a circum-incessão das duas outras e [175] *constitutiva* do Espírito Santo, pessoal. Ora, o ser universal do Pai, nessa função mediadora e processiva, é irredutível à ideia lógica, e designada expressamente como

14. Op. cit., p. 94-110. Sobre o aspecto técnico da teoria hegeliana do silogismo, ibid., p. 17 ss.

15. Ibid., p. 110.

16. Cf. op. cit., p. 109.

"Razão que se sabe" (*sich wissende Vernunft*). Reflexão, saber de Si, indicam o espiritual, o pessoal, convertendo a Ideia lógica em *Ideia-Espírito*, "Ideia eterna que frui de si mesma eternamente". Em consequência, esse terceiro silogismo só expõe a constituição do Espírito separado, Espírito de Deus em Deus, pondo no *princípio* o Espírito absoluto de Deus, em sua unidade absoluta. Esta é a resposta: o Espírito santo resulta, ou "procede", no próprio ato pelo qual ele *começa*, porque sua obra partitiva e reflexiva, de separação e de refazimento conversivo, de negação e de negação da negação, o separa do ser universal e da natureza determinada do Único engendrado. Com isso o Espírito se retira, recua, se diferencia em sua discrição absoluta, se recolhe em sua singularidade exclusiva, mas justamente por isso fica à disposição para ser reconciliado, na Universalidade paterna com a Expressão única do Verbo.

Desse modo, Deus é Espírito absoluto, unitariamente, e Espírito divino, singularmente, em sua absoluta diferença pessoal. Deve-se concluir, como balanço desse pensamento especulativo trinitário, que, armado com um aparelho lógico sem falhas, ele responde a todas as instâncias da problemática, que não apenas o Espírito que procede não é ele próprio infecundo, mas que ele opera soberanamente para converter a Natureza de Deus na Universalidade do Uno (segundo silogismo: Filho — Espírito — Pai), *porque*, na *Origem absoluta*, ele é posição, por divisão, negação partitiva do Uno universal, da Natureza determinada do Único. Deus é Deus porque é Espírito, unitariamente e no princípio, singularmente e em diferença própria, pela onipotência de sua negatividade. Mas então aparece claramente que a força da tese hegeliana se sustenta em sua parcialidade irrecusável, em sua doutrina fundamental do *ser do espírito* como infinita e absoluta negatividade.

Aqui está o verdadeiro segredo do "sistema", que lhe confere sua crucial singularidade especulativa. Hegel pensa a autogênese do Deus unitrinitário segundo esse princípio exclusivo da absoluta negatividade espiritual [176] que exige a representação de uma inicial ou imediata penúria, indeterminação, abstração do ser universal[17]. Negatividade que parte, divide, o divino e a natureza de Deus. Negatividade que, por conseguinte, opera

17. Hegel está aqui no rastro da especulação schellinguiana em que a negatividade está na origem absoluta no ato eterno da liberdade (cf. o capítulo precedente).

como uma *infinita frustração* por despedaçamento do universal impessoal e do particular determinado. Negatividade que reúne, converte, nega a partição, preenche a exigência de ser como universalidade concreta. Negatividade que, com isso, se coloca em abnegação, em retraimento, em silêncio, em eterna kenose ao mesmo tempo que ocorre sua divinização por obra do Deus universal, assim plenamente realizado. É preciso dizer, com os próprios termos de Hegel, que o Deus universal, designado como Ideia unitária, em sua absoluta concreção, o Deus Pai *resulta* do Deus Espírito, segundo a *posição* (*Setzung der Idee*) que é resgate da partição, da negação espiritual. E o universal (o Pai) só é pessoal pela mediação de sua Expressão (primeiro silogismo: Pai — Filho — Espírito)[18]. O positivo da "posição" não é, portanto, generosidade superabundante do Pai, nem geração efusiva do Filho; ele é um *efeito*, um reverso do "Juízo" (*Teilung*) da Ideia, da negação partitiva do Ato espiritual.

Divisão e conciliação, abnegação e reflexão que restitui o Único ao Uno, nega a negação que põe o que ele separa, a vida trinitária do Espírito é uma dramática autoconstituição, um *eterno Calvário* do qual jorra um eterno Tabor do Filho divinizado, na autogênese intemporal do Deus pessoal. Todo do todo, o ser-perto-de-si, que frui plenamente de si, é vida do Espírito que se cura de sua ferida, de sua fração constitutiva, em sua maneira pessoal e tripessoal de ser o divino. Hegel nos coloca assim diante da *alternativa maior da ontologia do espírito*:

— [177] Ou o espírito, no absoluto de si mesmo, é infinita potência de ser, em ato puro de si mesma. Ato de efusão, de positivo engendramento, de dom do que ele é, de superabundante confirmação do dom originário de si. Espírito criador, ele dá o que ele não é, dando o ser ao espírito finito.
— Ou então o espírito, no absoluto de si mesmo, é negatividade absoluta que faz ser o Único por autogênese do Si. A infinidade do Espírito é o círculo do negativo que conclui de Si a Si, opondo-se

18. Observa-se aqui o contrassenso de toda remissão de Hegel à Gnose, na exata medida que não poderia haver distância, desnível ou abismo entre o Deus-Pai, inacessível, e as Pessoas que dele procedem. O próprio Hegel expôs amplamente sua rejeição ao gnosticismo. Cf. op. cit., p. 84-85.

à original penúria ontológica do divino, do Uno universal. Espírito criador por divisão, cisão entre natureza e espírito finito, sem que o mundo criado disponha de um poder reconciliador.

Sustentamos a primeira tese, a única que nos parece adequada à necessidade do conceito de espírito. Hegel sustenta sistematicamente a segunda, e acabamos de reconhecer como ela responde, ao seu modo, às questões decisivas da problemática trinitária. O partido está tomado, com brilho e inegável poder especulativo. Mas essa parcialidade, constitutiva do sistema e que, como veremos, sustenta uma verdade incontestável, implica consequências em série, que o próprio autor extraiu com o mais extremo rigor. Consequências teológicas e antropológicas, éticas e políticas, das quais é preciso agora recordar o essencial, necessário ao nosso discurso. Aparece assim que a ontologia do espírito, que só é colocada à prova ultimamente no pensamento trinitário, obtém sua sistematicidade completa somente mediante o desenvolvimento das consequências implicadas nesse pensamento.

Se o espírito é infinita negatividade, ele somente possui poder operatório no absoluto de si mesmo. O espírito finito, com efeito, por não concluir ontogeneticamente de si a si mesmo, por não ter o poder de negar a negação, não pode, no momento em que tenta sua reflexão e sua abnegação unitiva, ser eficazmente reconciliador. Toda tentativa de relação de espírito com espírito não pode, portanto, ser por dom recíproco, mas por mútua abnegação que deixa, na verdade, cada um no extremo do outro. Toda unidade do homem com a natureza fracassa do mesmo modo, por não dispor do poder conciliador que é o único capaz de negar [178] a exclusão recíproca partitiva. Disso resulta que a lógica do espírito é absoluta, *do* Espírito absoluto, *ou não é*. Por isso Hegel não constitui em lugar algum uma lógica da existência humana. Ele aplica, transcreve, para o mundo finito, a lógica absoluta de que esse mundo é incapaz. Nenhuma analogia, nenhuma diferença que reservaria uma similitude entre Deus e o homem. É univocamente que a Única negatividade, na estrutura necessária de seu ato, é compreendida e concebida, como exclusiva lei espiritual. Mas, como se sabe, uma ontologia unívoca se aplica equivocadamente ao Mesmo e ao seu outro, ao divino e ao humano. Por isso a lógica do sucesso pleno, na vida divina, se mostra inexorável destino de fracasso, quando ela comanda o espírito humano, a história de cada um como a História de todos.

Não há salvação para o homem na qual ele próprio seja o ator. Nem sequer por dom da salvação de Deus. Consequência capital, na qual se pode discernir uma retomada do luteranismo do qual Hegel pretendeu ser o pensador, embora permanecendo crítico intratável das teologias liberais e da eclesiologia frágil do protestantismo[19]. Somente Deus salva, em sua Sexta-feira Santa que cumpre para nós sua própria e eterna Abnegação espiritual. E o mundo natural, na dispersão espacial, no apagamento temporal, não poderia significar o espírito, eficazmente, sacramentalmente[20].

Entretanto, o impulso desesperado da liberdade humana, preocupada com seu ser de espírito, possui sua mais segura atestação na dura formação que cada indivíduo tenta em si mesmo, desde o nascimento até a idade adulta. O genial tratado de psicologia que é o texto do *espírito subjetivo*, no sistema enciclopédico, expõe essa ilusória progressão em que o fracasso liquida toda conquista do ser livre. A cada etapa, ou "nível" de sua autocultura, sensação, hábito, memória, linguagem, pensamento, o espírito humano, certamente, age por sua negatividade para assumir, converter, universalizar sua vida natural. Com isso ele ganharia seu ser, uma vez que não possui consistência substancial por dom originário. [179] Mas a cada vez o impulso da ávida conquista indica a impotência ontogênica, no reverso das conquistas espirituais. Mesmo a palavra, na qual o ato espiritual, ao apagar a natureza empírica das palavras, é o mais manifesto, o mais eficaz, permanece carregada de contingência, da particularidade das línguas: a divisão entre espírito e natureza permanece insuperada, deixando patente a fragilidade de nosso pensamento livre. Sempre a reflexão espiritual está *atrasada*, e nunca ela fecha seu círculo. Ela consegue, no entanto, quando parece conquistada a autonomia absoluta do pensamento e do querer: suficiência e glória do *freier Geist*. Mas a verdade do espírito livre é sua total vacuidade, seu vazio ontológico: a liberdade não possui ser, o qual permanece como seu fim inacessível. Vazia, esgotada, enferma, em busca de si mesma, ela não possui ser próprio, ela nunca experimenta seu ser dado a si mesmo.

---

19. Cf. op. cit., p. 147-159.
20. Cf. *Enzyklopädie*, 552.

Como rigorosa consequência, o homem não poderia experimentar-se na obrigação moral, pois ele não é um ser de espírito em dívida de si mesmo. Abstraída do mundo efetivo, sem participação no universal, a consciência singular, fechada em sua noite íntima, não tem nada para dar, seu dever-ser nunca é um ser em dever. Não há ética concebível para a pessoa como tal. Por isso ela só é obrigada às normas associativas e comunitárias, na objetividade racional do Estado político. Mas, por fim, no Juízo universal do mundo, o Estado racional, estranho ao espírito livre, se reduz à "administração das coisas". O absoluto do espírito é a única morada prometida ao nosso espírito. Nada podemos senão esperá-lo, e pensá-lo como filósofos.

3. O ser que é simplesmente espírito[21]

Tudo do espírito parece disponível à compreensão e concepção, salvo o próprio espírito, o espírito que é simplesmente espírito. Mencionado, evocado, ele se apaga imediatamente do discurso ao qual ele não acrescenta, ao que parece, nada. Enquanto o pensamento discursivo o supõe, e sabe disso, ele experimenta essa referência como o inapreensível de si mesmo e tende ao seu esquecimento.

Essa era a constatação inicial. Essa era, por conseguinte, a primeira [180] interrogação: o espírito possui um ser concebível, quando as operações que lhe são atribuídas parecem esgotar toda concepção sobre ele? Podemos refletir sobre a liberdade, o pensamento, o desejo, podemos expô-los discursivamente, julgar sobre seus respectivos conceitos. Mas e o próprio espírito?

Essa é também a última questão, quando o espírito tem de ser conhecido como o absoluto de si mesmo. Exatamente, a interrogação última, quando o Espírito absoluto é o tema próprio do pensamento especulativo e põe novamente em questão, de modo decisivo, a ontologia do espírito,

21. Preferimos traduzir a dupla negação que o autor emprega em francês, *l'être qui n'est qu'esprit*, por "o ser que é simplesmente espírito", o que respeita perfeitamente o sentido da expressão no original, conforme será definido a seguir. O mesmo critério se aplica a expressões como: *l'être qui n'est qu'être* ou *l'esprit qui n'est qu'esprit*. (N. do R. T.)

e talvez toda ontologia possível: o que ocorre com *o que é simplesmente, absolutamente, o Espírito?*

Quando o pensamento não tem outro apoio além de si mesmo, tendo de colocar sozinho à prova a sugestão do dado religioso, quando, em consequência, o esforço especulativo não difere no filósofo e no teólogo, então, tudo parece poder ser concebido do Deus-Espírito, salvo o Espírito puramente Espírito, o Espírito "terceira" pessoa. Todos conhecem o embaraço dos pregadores: eles falam abundantemente do Pai e do Filho. Eles evocam o espírito, murmuram seu nome, lembram suas "missões", mas o discurso se interrompe de maneira abrupta: trata-se do grande Importuno, isso quando não é o grande Ausente! A problemática trinitária reitera implacavelmente, contudo, seu momento decisivo: Deus é espírito somente se o Espírito é, Nele, sua própria diferença, Espírito pessoal que é simplesmente espírito, Espírito "santo". Mas o desconforto na homilia é um rastro da aporia especulativa.

Era preciso conceber o absoluto como o infinito do espírito. E a mesma necessidade conduzia ao criador, ao eterno. Três nomes divinos, triplo vínculo conceitual em que se expõem dom de si e restituição, como íntima troca que dá ritmo à vida do Espírito, o âmago de seu ser. Que o Espírito absoluto não possa ser a identidade do Uno, a indeterminação absoluta, mas se mostre como absoluta presença a si, absoluto saber de si pelo ato soberano do dom de si, eis o que afirmava a lógica ontológica do infinito. Ao mesmo tempo, a absoluta necessidade do infinito espiritual, potência ilimitada de se determinar no ato puro de si mesma, era conhecida em sua verdade como absoluta Liberdade, livre de si mesma no dom de si, e livre para si mesma por e na redição restitutiva do Outro a si. Na *identidade* do ato da potência [181] infinita se equilibram, se equivalem, expressão e reflexão, no âmago da íntima troca, sem que a origem absoluta, a iniciativa paterna, soberana, em sua radical positividade de engendramento, seja comprometida: ela é reflexivamente *reconhecida* na filial redição, na qual o espírito se sabe.

Entretanto, a Liberdade geradora, que se dá sem reserva em seu Fruto, é assim indistinta da necessidade de uma *identidade estéril*. Que a absoluta liberdade *não possa* não ser devolvida a si mesma, que o dom que ela é de si mesma *não possa* não lhe ser restituído, eis o que a encerra em uma inexorável fatalidade e converte sua onipotência em impotência original e eterna. O ser dado, o ser entregue, dado sem divisão e entregue sem reserva, não é o dom para nada, o nada do dom? Se a absoluta liberdade é exclusivamente no dom de si mesma, ela não se apaga imediatamente, segundo a nulidade de um balanço impossível, no momento em que a restituição abole a positividade de si mesma? E se o dom somente é dom, no rigor de seu sentido ontológico, ontogênico, se nada dele é retomado, retido, não será ele nulo, nada de si mesmo, pelo absoluto retorno reflexivo, de tal modo que a presença perfeita de si a si, no ato puro, é identicamente pura e simples *ausência*? E, no entanto, a necessidade do conceito é invencível: a liberdade absoluta do espírito não é seu ato próprio sem se exprimir generativamente, ontogenicamente, sem ser o dom de si mesma e, por conseguinte, pela mesma lógica espiritual, sem que sua onipotência retirada lhe seja devolvida. Esse é o infinito do espírito.

A dificuldade é tal que parece explicativa, em última instância, de toda representação processiva que coloca a uma distância infinita da Origem — então indene de uma troca, cujo balanço seria negativo — o Engendrado que dela deriva. Representação constitutiva das especulações gnósticas e do subordinacionismo teológico. Mas ela é absurdo do absoluto estranho a si mesmo, por ser incapaz de intimidade espiritual com o engendrado, no qual ele não se dá absolutamente. E o insondável do Abismo ou da "transcendência" inacessível apenas dissimula sob as palavras o Deus ciumento, o Pai avaro, o Usurário divino que dá falsamente, pois ele não se entrega sem reserva ou dá [182] tudo sob a condição de plena e imediata recuperação. Desse modo, o absoluto do espírito não diz mais nada sobre a absoluta liberdade, livre de si mesma, e o pensamento é reconduzido à plana identidade do Imutável sem vida. Identidade que se mostra, desprovida de imagens idolátricas, forma vazia, forma informe do Eu = Eu, indistinta do zero = zero!

Daí a outra representação, a da alternância, que expõe, na indefinida sucessão imaginária, o ritmo espiritual da efusão e da contração, da expressão e da reflexão, do dom e da restituição. Alternância em sucessão que reserva a positividade sempre *por-vir*, a infinita potência em correspondência com seu negativo desapossamento. Mas, precisamente, o ato espiritual infinito, sempre adiado, é assim apenas seu próprio *desejo*, o voto reiterado do espírito inquieto consigo, com seu ser realizado. Cumprimento do autoengendramento que o *eterno* significa, pleroma do Espírito absoluto.

Por isso, alijando esses dois gêneros de representação que, pesadamente, a alteram e a arruínam, a concepção do Espírito eterno implicava um *terceiro* momento na efusão geradora. No rastro da especulação de Schelling, para preservar sua tese da "história eterna", revogando a nulidade ontológica da identidade inanimada, mas para tentar superar suas dificuldades próprias, era preciso operar o refazimento conceitual do "futuro eterno"[22]. Então, surgiam as expressões necessárias de *confirmação* espiritual, de realização da efusão doadora por superabundância. Pois nem o "passado eterno", passagem doadora de si no Outro, nem o "presente eterno", redição à origem, oferenda de si em restituição, podiam honrar o conceito de dom, sentido unívoco do ser espiritual, no absoluto de si mesmo. É a essa instância necessária que é preciso voltar para tentar compreender o ser que é simplesmente espírito, em sua *diferença ontológica* no âmago do Espírito absoluto.

A interrogação se precisa nestes termos: como compreender, [183] na troca do dom de si e da restituição absoluta a si, que o dom seja sem retorno, retomada ou retenção? Como conceber juntas a necessária redição à origem e a positividade vitoriosa do dom, sua absoluta efetividade ontogênica? A *necessidade* obriga a uma mesma e única resposta, no momento em que ela mesma é, a partir de si mesma, *transgredida por sua verdade de absoluta* liberdade: o *dom* espiritual absoluto de si só é tal, em sua *afirmação* completa, pela *confirmação* de si mesmo. Confirmação que é *superefusão* da efusão originária, *super-abundância* da positividade do dom, *posição conclusiva* do engendramento, da Expressão de si. A esse preço infinito do dom — dom que somente é infinito *redobrando-se*, sobreacrescentando-se a si mesmo, por assim dizer — o Espírito dá sem volta, mesmo quando se dá e recobra a si mesmo na perfeita presença a si. A esse preço infinito, sobrepreço incomensurável, a positividade do espírito absoluto é eterna vitória sobre o Nada, que é recusa de si. E essas palavras não são o ornamento verbal de um *deus ex machina* que surge

---

22. Cf. *supra*, p. 151. Mas a confirmação espiritual antecipa sua necessidade desde a exposição especulativa da *criação* para exprimir, precisamente, a posição completa da *geração*, como resultado da troca mútua do dom infinito (cf. p. 134 ss.).

artificialmente no fracasso especulativo de uma construção desfeita. Elas dizem positivamente a imperecível afirmação do ser espiritual. O que exige três explicações consecutivas:

1 / O Espírito somente é absolutamente si mesmo pelo *redobramento* confirmante de seu dom. O dom de si, ato puro da infinita potência, tem efetividade incontestável, verdade inabalável, à condição de ser *mais que si mesmo*, verificando-se ato absoluto de dom, mesmo quando ele se deu sem reserva na Expressão de si. Caso contrário, o dom é seu próprio fracasso, a fragilidade de uma veleidade pura, quando lhe é necessariamente restituída toda a potência de se oferecer no Outro. Isso, nos termos trinitários, significa que a iniciativa geradora paterna não é desfeita pela oferenda de si da redição filial. Assim, a efusão originária, redobrando-se em confirmação, *re-põe*, re-genera o Fruto da geração[23]. *Nenhum outro* senão o absoluto do espírito é dado assim, pela confirmação da afirmação, no Engendrado. Nada além *de ser*, de ser a despeito de sua redição: ao confirmar, o Espírito dá o ser puro, *o ser que é simplesmente* [184] *ser*. Confirmando, re-dando, re-pondo, ele desfaz a abnegação filial, que anularia a Oferenda de si paterna. De sorte que a confirmação da afirmação espiritual é verdade positiva da negação da negação, sistematicamente exposta por Hegel. A negatividade ontogênica possui sua potência afirmativa somente ao se inverter em absoluta confirmação. Pois, para não ser nula em seu resultado, a negação da negação deve ser *outra* em seu redobramento, outra como vitoriosa positividade do ato espiritual. "Somente o positivo é verdadeiro": confissão hegeliana na qual se lê a afirmação como fim de seu absoluto começo.

2 / Como ele, conclusivamente, permite que o ser engendrado seja, o Espírito confirmante dá *sem retorno*. A restituição filial é suposta em seu ato, e é por isso que o Espírito faz sua própria diferença, a partir da iniciativa paterna que ele confirma. Dom de ser, sem tomar de volta, sem restituição em troca, seu ato não acrescenta *nada além do ser* que ele é absolutamente. Sua confirmação não acrescenta nenhuma particularidade, nem faz diferir em nada a Essência expressiva, refletida no Verbo que se identifica ao seu Autor. Ele não faz nada mais do que o engendramento faz, ele apenas faz ser, sendo dom simplesmente do ser do Verbo. Por isso ele é energia pura,

23. A Escritura não diz que "o Espírito repousa" sobre o Filho?

silêncio de sua infinita *discrição*, não tendo nenhuma palavra a acrescentar à Palavra que ele faz ser. Mas a infinita discrição de sua onipotência superabundante é indistinta de sua *abnegação*, constitutiva de sua *diferença*, de seu retraimento, no invisível de si mesmo, como privação de expressão própria. O Espírito puro, que permite ser, que enfrenta e supera a restituição, que devolve sem que nada lhe seja devolvido, é absolutamente esquecido de si, isento de glória própria: o ser que é simplesmente espírito, inaparente em seu ato soberanamente eficaz, é kenose espiritual, por dom sem retorno nem retenção. Essa é a Força ontogênica do Amor absoluto. Hegel segue com rigor, como se pode ver, a exigência conceitual insistindo na abnegação do Espírito. Mas a discrição abnegativa deve ser entendida como um efeito imediato da confirmação, na explicitação completa de seu *sentido*, sentido do ser em ato espiritual puro, e não como o Calvário eterno da negatividade partitiva e reflexiva.

[185] 3 / Quando a exigência conceitual implica a formulação da confirmação, da sobre-efusão espiritual, ela nos obriga assim à dedução última que, por si mesma, *transgride* a necessidade dedutiva, durante sua exposição. Pois é *exigido* dizer aqui toda a *gratuidade* e a exclusiva *singularidade* do ato de superabundância, que é somente do Espírito em sua diferença própria. Enquanto a exposição desenvolve o infinito da troca, na unidade de seus dois sentidos inversos, dom absoluto de si e restituição do engendrado, é a necessidade que governa o discurso, mesmo quando ela se sabe, se experimenta, lógica imanente da absoluta Liberdade em radical iniciativa de si mesma. Mas o necessário faz silêncio quando tem sua conclusão fora da lógica e, por assim dizer, transdedutiva. Para o necessário, a superabundância está em excesso, embora ela seja sua própria confirmação: o ser que é simplesmente espírito faz *ser* a lógica da Liberdade, lhe dá sua *Presença* completada, aparecendo como a total contingência da necessidade pura, para surpresa da inteligência maravilhada. Sem dúvida, a absoluta gratuidade é revogação de toda arbitrariedade, pois ela pressupõe a necessidade, cuja verdade atual ela põe conclusivamente — eterna conclusão do "futuro eterno" — ou, com outras palavras, a superabundância *pressupõe a generosidade paterna, que ela confirma*. Daí decorre que é todo o espírito que é simplesmente espírito, que a confirmação diz a liberdade inteiramente pura, na *singularidade* de seu ato, espírito do espírito, Espírito no Espírito.

Tudo nos parece falar do Espírito, *sem* sua diferença própria. Expor o infinito do dom absoluto de si e sua restituição reflexiva nos *parece* dizer o essencial de tudo. Seria preciso então, pressionados pela sugestão teológica de uma terceira pessoa, evocar o Agente oculto, apagado? O que dizer de um absoluto Segredo? Mas precisamente o Espírito que é simplesmente Espírito, em sua diferença própria, não é a essência divina que se exprime no Verbo, ele é seu ato de ser que, gratuitamente, o faz ser, lhe permite ser, faz a positividade de seu Acontecimento. Assim como toda palavra humana — longínqua analogia — é mais do que ela mesma, dado que ela é seu acontecimento de expressão efetiva, o que não acrescenta nada ao que ela diz, e que se decidia, se refletia [186] antes de seu ato, do mesmo modo a Palavra também não é sem seu aparecimento, sem o ato espiritual que a faz ser confirmando-a. O Verbo não é sem a positividade própria do acontecimento — eterno acontecimento do advento do Filho — do *proferido*. Expressão que se faz ouvir, a partir de sua silenciosa Reflexão, pelo ato gratuito que, por sua vez, não se faz ouvir.

Isso significa que o Espírito, em sua diferença, não possui essência? Não há essência dele mesmo, nele mesmo, própria; sem dúvida, uma vez que nada do que ele faz ser, e que é a Essência divina, lhe é devolvido. Ou então seria preciso dizer que sua essência é a de fazer ser, pela energia pura de seu ato singular; *seu ser está todo em sua operação*. E, no entanto, é forçoso acrescentar que ele é *memória pura* daquilo que ele não é e pressupõe confirmando-o. O que significa que ele é o que ele pressupõe, como pressuposição que ele põe, re-põe: a iniciativa paterna do dom de si e sua imanente reflexão[24]. Memória *pura*, como *presença* a si daquilo que não é si mesmo, essência tomada de empréstimo para que o ser seja confirmado. O que ele não é, ele o guarda em benefício do Verbo proferido; não em benefício de si próprio. Ele não tem benefício próprio. Mas indene de reflexão em si, de si, do que ele dá, ele é a reflexão absoluta do Outro em seu Princípio, conduzindo a oferenda restituída do Engendrado à manifestação confirmada, sendo *pura Luz de seu Sentido*.

24. Repitamos Bergson: "Consciência significa memória", o si do saber de si sendo *pré*-suposto. A consciência de si do Espírito, "terceira" pessoa, é por memória do Si, que ele não é, para fazê-lo ser.

É desse modo que se compreende a dupla processão do Espírito como bi-expiração, "con-spiração", deve-se dizer. O Espírito é pelo dom originário, que só tem absoluta positividade, dado que seu Fruto lhe é devolvido, quando sobredoa, por duplo desdobramento, quando dispõe, por assim dizer, do Espírito doador, como sua Astúcia de amor puro, ao qual nada é devolvido, ao qual não resta nada a devolver. Tudo de Deus é dado, tudo do dom é devolvido, quando o Dom devolvido é dado novamente a ser.

E, no entanto, procedendo do Pai e do Filho, sendo a pura memória [187] de sua troca absoluta, o Espírito confirma *em sentido único*, por inteiro do lado do Pai, fazendo ser o seu ser de expressão perfeita. Com isso, a processão *ab utroque*, *filioque*, é identicamente do Pai *pelo* filho, sendo do Pai *para* o Filho, uma vez que este é todo oferenda em retorno. Em termos de representação, o Verbo engendrado é o grande vencido do Amor, forçado a aparecer à luz do ser, a despeito de sua filial redição. Redição do Dom originário, que o Espírito *atesta*, ao fazê-la ser sem retorno.

Assim, *o ser que é simplesmente espírito é o ser que é simplesmente ser*, mas ser daquilo que ele próprio não é. Desse modo, a *identidade* divina, quando o Outro é reconduzido ao Mesmo, não é uma equivalência de dons, cujo balanço seria nulo, a despeito da inapagável primazia do Princípio. Pois a identidade não é o ser idêntico, mas sim o ser idêntico que é, pelo redobramento do dom de ser, Fato do Espírito que é simplesmente Espírito. Que a identidade divina seja efetivamente ela mesma, graças a mais que ela mesma, uma vez que ela dá lugar, dá verdade de fato, ao seu Verbo expressivo, eis o que ecoa, se prolonga e se pronuncia na positividade de toda conceitualidade, de todo conceito idêntico que tem seu começo absoluto, radical, seu princípio permanente na absoluta Expressão. Nada, de outra maneira, autorizaria a dizer a identidade de um conceito como um sentido que *é*.

É sem dúvida isso que está implícito na tese platônica. A ideia, o sentido determinado é, graças à sua pura identidade. Certamente, e a tese do *Fédon* é irrefutável. "O igual em si" é, por sua identidade, incorruptível, imóvel, desafiando a efemeridade das coisas iguais que jamais o são, que se tornam, que passam, assim como os contrários se tornam predicados do mesmo sujeito que muda, advém e se apaga. Somente os contraditórios se excluem sem apelo nem meio-termo: o igual não se torna o desigual.

A ideia é imperecível pelo desafio que ela é na identidade de seu sentido unívoco. Certamente, mas ainda é preciso que a identidade *seja*, que ela seja confirmada no ser de si mesma, como um juízo idêntico deve toda sua positividade à cópula, ao ser discreto, que produz toda sua afirmação e nada de seu conteúdo. Definitivamente, porque ela é carente de essência própria, porque ela não diz nada mais, nada menos que o *ser* necessário da Essência, do conceito absoluto, a prova ontológica é rigorosa [188] referência à Necessidade pura, que é exigência do ato totalmente espiritual de ser, fazendo ser o Verbo no Princípio, soberanamente e sem volta.

Confirmando o ser dado, graças à sua energia ontogênica que ele é, o ser que é simplesmente espírito faz ser todo ser-de-dom. Ele sobrevém assim à criação do espírito finito, cuja contingência ele transgride, transfigurando o que ele é em efetiva presença, atualizando o ser dado a si mesmo em existência continuada. É verdade que o ser dado não pode ser retomado e que ele é, portanto, criado como espírito subsistente e imperecível. Mas é forçoso acrescentar que nosso ser carece de mais do que ele próprio, precisa que a existência lhe seja confirmada. Inadequada é, pois, a proposição cartesiana de equivalência entre criação e conservação, segundo a tese da criação contínua. Não é a incessante reiteração do dom criador que é requerida para explicar nossa surpresa de existir, assombro que sobrevém à consciência de si viva, mas é o infinito aumento que, em ato, faz ser nosso ser criado e, portanto, para nosso espírito finito, requer-se que o Espírito que é simplesmente ser nos reponha, "repouse sobre nós".

Por isso não existimos sem o apelo a durar, que é nosso *desejo* inesgotável de ser, desde que a presença a si é identicamente a impotência reconhecida que consiste em não subsistirmos por nós mesmos. Somos criados, dados a nós mesmos, mas também somos, pura e simplesmente. O *esse simpliciter*, o nada além que é tudo, é a graciosidade da criação confirmada. Assim se conjugam, no âmago de nós mesmos, a certeza do dom imperecível que somos e o pedido ansioso de ser, de ser confirmado no ser, que é demanda do espírito, demanda que é o espírito, ao Espírito que é simplesmente ser, mas que dá soberanamente o ser. Pouco importa aqui o saber do Espírito unitrinitário ou a confissão da "Terceira" pessoa. É a lógica de nosso espírito, como desejo ávido de ser, que está em questão. Pode-se tentar apagá-lo, esgotar a sede de ser mediante uma ilusória libertação paga com o preço da inconsciência. Mas a própria tentativa atesta o que ela recusa, e que não é de modo algum uma doença angustiante da alma, mas sim saúde do espírito empenhado em seu ser renovado. O que significa que o novo deve ser *renovado*: [189] a novação ontológica que é o aparecimento de um ser de espírito, inédito e insubstituível para sempre, é o começo e a manutenção, no curso de sua história, do apelo à renovação, renovação purificadora das alterações de nosso ser, das relações dos seres, da "face da terra". Mas há purificação somente no fogo do Espírito, que confirma o ser puro e intacto, o ser sem mais, o ser cuja luminosa transparência dá oportunidades sempre novas ao espírito criado.

Assim, quando a sorte ou a pura graça parece definitivamente comprometida, anulada pela morte, o desejo de renovação, desejo do ser que é simplesmente ser, se formula em uma demanda de sobre-existência em sobrevida, pois a vida do corpo está necessariamente ligada ao ser do espírito criado. Apelo que sustenta, por conseguinte, a espera de uma salvação para a Natureza, de novos céus, de novas terras, arrancados do desgaste, do apagamento, do efêmero que se define pela não confirmação, quando o tempo inexorável das coisas impõe sua lei de ferro, faz irrefreavelmente passar para o nada o ser que não é de espírito, o ser fenomenal que aparece e desaparece.

Assim, é necessário sempre duplicar a pergunta ontológica: como tratar do ser daquilo que é? O problema do ser que é simplesmente ser não é uma frívola questão dos filósofos em busca de uma interrogação reservada e inacessível ao "vulgo". É a universal, primeira e última questão ontológica. Que o ser que é simplesmente ser seja confundido com a indeterminação, indiscernível do Nada, revela apenas o esquecimento do ser que é simplesmente espírito e que pressupõe o positivo determinado que ele confirma. Pois *tudo o que é, todo ser, atesta uma presença real, que ele não é*. Com essa reiteração da questão do ser pode então encontrar um sentido a famosa "diferença ontológica", fastidiosamente lembrada por Heidegger e seus discípulos, sem que nunca o "ser do ente", mesmo que fosse o do "Ente supremo", seja positivamente dito ou precisamente evocado. Despojada da ontologia negativa, liberta da herança henológica, da petição de uma inadequação entre o Uno e o espírito, que continua sendo a sombra projetada de Plotino, a diferença ontológica tem sua verdade na diferença do Espírito que é simplesmente Espírito, que é simplesmente ser, e que [190] é o único a confirmar o ser de tudo o que é. Ser daquilo que é, presença daquilo que está presente, ele é o Espírito no Espírito divino, o Espírito no absoluto de si mesmo, de onde ele confirma todo ser de espírito e todo ser para o espírito finito[25].

Do infinito do Espírito absoluto, resta, pois, dizer a última transgressão que ilimita a identidade divina, constituída pelo ritmo equilibrado do dom sem reserva de si e pela absoluta restituição filial. O infinito só possui sua positividade se a efusão superabundante *prevalece*, confirmando sem retorno a geração do Verbo expressivo da Essência divina, manifestando a originária liberdade que é toda dom de si. Confirmação que não desequilibra o ritmo de troca espiritual, mas que evidencia seu ser em ato puro, superando infinitamente a absorção da Forma em seu Princípio, para que o dom entregue seja dado sem retorno, na vitoriosa precedência da positividade espiritual. Compreende-se, desse modo, que o Espírito absoluto seja ele *mesmo* e seu *outro*, que o divino seja Deus como Espírito absoluto e que em Deus esteja a diferença do Espírito, "santo" infinitamente pela abnegação de si na confirmação que ele é, e que faz ser absolutamente a afirmação do dom gerado. Ainda resta experimentar especulativamente a circumincessão unitrinitária, pela qual o Espírito absoluto se mostra pessoal, em sua unicidade e em sua triplicidade. Devemos, por conseguinte, retomar a forma do único e triplo silogismo, única disposição que pode corrigir a sucessão das proposições consecutivas. Mas o conteúdo que permanece o ato espiritual do dom em cada figura é então totalmente diferente daquele que foi proposto por Hegel em sua tese da negatividade espiritual. Tentamos mostrar que o conteúdo de dom, engendramento, restituição e confirmação, é a verdade da necessidade formal de exposição.

A relação primeira, quando o absoluto do espírito se compreende pela infinita potência, cujo ato é dar-se sem reserva, é a [191] da Origem doadora ao Filho engendrado. Mas ela se mostra necessariamente recíproca na reflexão restitutiva do Filho ao Pai. Ela se escreve, pois, simplesmente:

---

25. Mas a enunciação da "diferença ontológica" transforma-se assim radicalmente: o ser não difere *do* Ente supremo, mas difere *Nele*, mostrando-se o Espírito *em* Deus, sua própria e interior diferença hipostática. É preciso, pois, repetir: não há "diferença ontológica" se ela significa o ser que Deus não é.

Pai ⇄ Filho

Esse é o ritmo espiritual de troca de si a si, na identidade do *universal* divino, que se exprime e com isso se pronuncia *particularmente* na Forma de Si que é o Verbo, no qual este se reflete, restituindo infinitamente ao seu Princípio a onipotência cujo dom originário de si o constitui. Dom e Restituição, Expressão e Reflexão constituem e são a unidade da presença a si e do saber de si, o Espírito absoluto pessoal em sua unidade.

Entretanto, a equivalência entre a afirmação generativa e a negação restitutiva implica, para a efetiva positividade da absoluta liberdade em ato, que o dom originário, paterno, seja conclusivamente confirmado. Para essa confirmação superabundante, sem retorno, o Espírito é posto em diferença, mantido em reserva desde a iniciativa absoluta da geração: o que chamávamos a "astúcia" que é o Espírito, no segredo da onipotência paterna. Assim se dispõe, em sua triplicidade, o Espírito absoluto:

Espírito ← Pai → Filho (terceiro silogismo)

O Pai, iniciativa absoluta do dom de si, é assim a mediação-Princípio do ato de confirmação espiritual. Este último o pressupõe portanto, procede dele, ao mesmo tempo em que reitera a afirmação do ser do Filho, o ato do Verbo expressivo:

Mas o ato de ser que confirma, que pressupõe o dom como sua restituição reflexiva, contém, por conseguinte, a expressão refletida que ele não é, e que ele repõe, restabelece, dando ser à luz, à [192] manifestação que o Verbo é. Em seu ato absolutamente *singular*, e em total abnegação de si, o Espírito pressupõe assim a oferenda em retorno do Filho ao Pai, sua redição reflexiva. Com isso, a expressão que é o verbo monogênito é, por sua vez, segundo seu papel, mediação constitutiva da processão espiritual:

Em consequência, o espírito procede por con-spiração do Pai e do Filho, enquanto nada do Verbo *confirmado* é restituído ao Espírito, silencioso em seu ato. Mas, por causa disso, o Filho re-afirmado *prova* o Espírito em sua diferença, é a manifestação de sua sobre-efusão, sendo o presente realizado pela infinita discrição de sua presença. Esse é o papel próprio do Filho na processão do Espírito, e por conseguinte seu ofício mediador na relação do Pai com o Espírito:

(primeiro silogismo)

Relação que implica, por sua vez, o princípio do reconhecimento do Pai pelo Filho, na dupla e recíproca distinção constituinte da Origem doadora e do Verbo que se oferece de volta. Assim, a mediação constitutiva que é o Espírito, em sua diferença singular, confirma, ao distinguir, o ato gerador do engendrado:

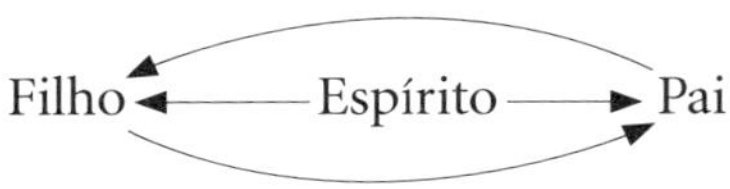

(segundo silogismo)

Desse modo, o terceiro silogismo, em sua forma desenvolvida, em sua explícita plenitude, expõe a unidade pessoal e tripessoal do absoluto do espírito, porque este silogismo compreende em si os dois outros:

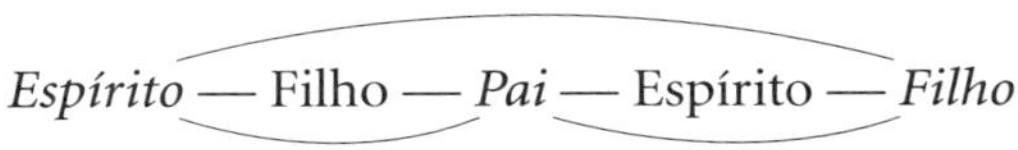

[193] Assim se apresenta, na formulação em que se unifica a consecução, a tripla relação mediadora de cada pessoa, triplicidade por e para a unidade pessoal do Uno que é o Único, princípio e fim de si mesmo, dado que ele se verifica como dom absoluto de si mesmo em si mesmo. Deus é o Uno que é Alguém, pois ele se determina no ato de geração, se conhece na absoluta reflexão do Verbo engendrado e confirma espiritualmente a positiva presença a si. É assim que Deus é Deus.

Ainda faltaria falar da *glória* do Espírito absoluto, que manifesta a infinita generosidade doadora pela vitoriosa confirmação de sua onipotência.

Mas, como ela atravessa de beleza o ser do Espírito absoluto, que excede infinitamente a afirmação de si, quando sua manifestação é geração eterna da luz do Verbo, a glória é reconhecida *depois* das últimas palavras filosóficas.

Conclusão. Em espírito e em verdade

Como tratar do ser e do espírito? Essa era a questão inicial que exigiu o percurso filosófico deste livro. Ela implicava o questionamento da disjunção, comumente aceita, de seus próprios termos: o ser *e* o espírito. O ser como desafio à sua sombra que não é, o espírito. Imediatamente, foram formuladas as interrogações consecutivas: o que ocorre ao ser se o espírito não é? O espírito é mesmo um conceito?

Aumentava a distância entre a Figura do ser, representado como a Coisa impenetrável, a matéria inalterável, a identidade do objeto, e o espírito reconhecido em seu ser de espírito. A Figura, pouco a pouco, mostrava-se inconsistente, tecida de aparências, como uma abstração-limite, que persegue nossas consciências modernas subjugadas pelo "peso das coisas". Por isso a ontologia do espírito elaborada aqui pode concluir por um saber capaz de libertar a inteligência dando sentido à existência espiritual. Sentido frágil, pois ele exige que se reanime e se mantenha viva a memória de sua verdade, num tempo em que tudo leva a seu esquecimento. Sentido necessário, contudo, que se enraíza no indubitável, no ser do espírito.

É preciso então abandonar, com vontade firme, uma lógica do ser que não diz nada, muda, à força de reiterar a achatada e vazia Identidade, letra morta de uma ontologia interrompida, ossificada, enterrada no esquecimento por toda ciência da matéria. Pois só pode ser concebida uma [196] lógica do dom, lógica do ser como dom e que diz a vida do espírito como tirada da fonte inesgotável da absoluta Liberdade. O rigor dessa lógica obrigou-nos a fazer afirmações que a primeira julgava inacreditáveis ou impossíveis. Não apenas o espírito possui um ser, mas o ser não é nada se ele não é espírito, a menos que seja por ou para o espírito. Espírito cuja reflexividade é a única constitutiva de unidade, de presença real sem a qual os fenômenos não possuem ser. Não apenas o espírito possui um ser, mas o ser do espírito humano é um ser-de-dom, dom absolutamente dado a si mesmo, presente substancial de liberdade cujo ritmo espiritual trama nossa existência enquanto, porém, ele é irredutível às suas manifestações. Não somente o nosso ser é de dom, uma vez que é espírito, mas, concebido no absoluto de si mesmo, o ser se evidencia como Espírito absoluto, totalmente dom de si, no infinito da potência de sua total Liberdade. Não apenas o absoluto do espírito é o absoluto do ser como dom de si, mas também sua positividade, toda de efusão geradora, se mostra como superabundante na confirmação da troca espiritual, que é presença de si a si, na luz do saber de si. Não apenas a afirmação do ser, no dom de si e na restituição, se confirma absolutamente, eternamente, mas, em sua diferença própria, a confirmação espiritual é o ser que é simplesmente ser, o ser de tudo o que é, presença de tudo o que, "no céu e sobre a terra", está presente.

Assim, digamos mais uma vez em conclusão, o dom não é nem uma categoria do ter, nem sequer uma categoria do ser. Ele não é *um* conceito ontológico, mas sim *o* conceito, inseparável de sua forma necessária, da conceitualidade do ser. Com e pelo dom, o ser não é mais, nem como substantivo nem como verbo, uma palavra sem discurso engajado, uma palavra que se apaga no silêncio do grau zero do saber, uma palavra cuja extensão indefinida denunciaria a nulidade de sua compreensão. Com o dom, porque diz adequadamente o ser, porque a interrogação sobre o ser não difere da interrogação sobre o ser-de-dom, a ontologia não é mais um saber impossível, uma ciência abortada, como ela aparecia, insignificantemente. Interrogar-se sobre o mais simples dos seres, sobre a natureza de suas espécies menos complexas preparava, com efeito, um saber, ao menos uma definição provisória, enquanto a questão [197] do ser como tal, ociosa, preguiçosa e estéril, informulável senão pela ablação de toda determinação, permanecia como ironia ridícula do filósofo empenhado em se fazer entender. E o saber dos seres, saber elementar nas descrições sumárias dos naturalistas balbuciantes, deu lugar às ciências que metodicamente fizeram abstração do espírito. Mas a ontologia se regenera, se e somente se ela fizer novamente e resolutamente a pergunta sobre o ser do espírito, e se ela conseguir respondê-la na e pela concepção do ser-de-dom. Pois o que é, tudo o que é, é então compreendido, concebido por mais que si mesmo, pelo ser que o faz ser, "mestre do ser", pelo ser que é simplesmente espírito.

Nós havíamos começado a investigação mostrando seu desafio. Este foi analisado segundo todas as consequências da hipótese negativa: se o espírito não possui ser, que resultados colhemos?[1] O desafio é imenso, incomensurável com todos os bens da terra, preço infinito da existência do homem, pois se trata daquilo em que e por que o homem é outro que um objeto natural sobrecarregado de artifícios multiformes, forjados pelas competências técnicas. Desafio ameaçado de esquecimento, de apagamento ao fim de uma regressão que atinge a civilização, e que se chama *decadência*. Como ela é o preço do esquecimento, a decadência é declínio que não se percebe, e que corre o risco de se tornar irreversível, à medida que se torna tarde demais para um ato decidido de memória, quando seus sintomas formam um sistema de morte espiritual de nossa espécie. Do esgotamento de nossas forças de produzir até a avidez pela divisão das conquistas residuais, o trajeto da regressão passa sobre as tumbas da ética, da política, da arte e da religião.

Em compensação, compensação do espírito no sobressalto de sua liberdade, quando podemos substituir a hipótese negativa pela tese positiva, a decadência pode ser interrompida, recusada. E o saber do ser de espírito desenvolve agora suas implicações articuladas pela lógica que as vincula ao seu fundamento. Todas reconhecem e promovem o sentido de nossa existência em cada domínio em que se atesta a humanidade do homem. Todas dizem que o desafio permanece, verificado e vivificado. *O ser do espírito é indubitável. Que resultados colhemos?*

[198] Em primeiro lugar, a *ética* volta a encontrar sua exigência ao reanimar a certeza de seu fundamento, dado que ela se mostra enraizada

1. Cf. *supra*, p. 14.

no ser de espírito. A comum certeza de ser em obrigação, nativamente, de dever agir para que seja reconhecido, socorrido, compreendido, honrado o *outro*, porque ele é a cada vez um ser único, e que parecia natural, instintiva, essa certeza se apaga como um preconceito que envelheceu. Ela era, com efeito, frágil e inspirada por uma crença religiosa maciça que se rarefez. Pois ela supunha outra certeza, como um saber imediato do ser de espírito que, no entanto, resultava de uma educação e desfrutava um amplo consenso. Distraídos de nós mesmos, prisioneiros de necessidades artificiais, não sabemos mais se, a cada vez, somos alguém cujo ser imaterial teria um preço sem preço, que nenhum interesse individual ou coletivo compensaria. Sobretudo, não sentimos mais a dívida que somos em nós mesmos. Assim, o fundamento da obrigação aparece como problema de outrora, falso problema dos moralistas de antanho.

A verdade faz falta às certezas morais e a verdade não depende de nenhum artifício. Ela só pode ser um saber do ser reconstituído contra o niilismo que propaga a indiferença ética. Ela é memória atualizada do ser dado a si mesmo, e portanto originalmente em dívida de si. Dívida sem remição ou quitação, mas que é identicamente imperiosa obrigação do ser em relação ao ser. Na época em que se afirmava uma liberdade absurda e prometeica, poder de autocriação, de escolha de nosso ser desde o nada originário, a assimilação da obrigação à coibição identificava a moral com o peso dos interditos. A rigor, com isso, a obrigação perde qualquer sentido: quando se deve tudo a si próprio, não se deve nada a ninguém, e não há obrigação alguma quando se é coagido. Mas precisamente a obrigação, a "benevolência"[2] é própria do ser dado a si mesmo e, por conseguinte, do ser livre que é cada espírito humano.

Esse é o fundamento reconhecido, reencontrado, da obrigação moral. Não há nenhum outro, nem sequer a racionalidade do querer sem a qual, no entanto, o interesse que exclui, a paixão que cega, a violência que nega o espírito, alterando e suprimindo sua vida, se sobrepõem [199] inevitavelmente ao sentido do ato e negam nossa autonomia. Ainda é preciso,

2. Bruaire joga com o antigo termo francês "obligeance", que significa benevolência mas guarda a raiz etimológica de "obrigação", ou seja: *ob-ligare*. O sentido é claro: o estar *ligado* a um outro por uma "dívida ontológica" é a origem da gratidão e da benevolência. (N. do R. T.)

com efeito, que a razão seja compreendida como arma do espírito livre, quando na verdade ela é denunciada como sistema coercitivo instalado na vida social. Ainda é preciso, por conseguinte, que a obrigação à razão — e a coragem de seu exercício — seja experimentada na raiz de nosso ser, no âmago de nossa existência espiritual.

Entretanto, persistem o convite e a lancinante tentação à "superação" da ética. Aquém do bem e do mal, quando pronunciamos a relatividade deles até a evidência de condutas indefinidamente explicáveis e interpretáveis, enfeitamos a indiferença moral com a pretensão de nos elevarmos "para além" do bem e do mal, fazendo consoar as vozes de Kierkegaard e de Nietzsche, mas deformadas. Como se a ética fosse um estágio contornável ou superável, aleatório ou desprezível! Nem o herói, nem o santo podem prescindir dela. Eles se tornam herói e santo quando levam a ética ao extremo da abnegação e da proximidade espiritual. Com efeito, é a indecisão quanto ao bem e ao mal que é o signo do esquecimento do ser de espírito, e que os convites irrisórios à "superação" dissimulam com dificuldade. Mas se o ser, uma vez que é espírito, é o dom que é origem e sentido de si mesmo, se a recusa é o que desrealiza, "nadifica", corta a raiz do ser, então o bem é o ser em sua positividade espiritual, bem que é o ser-de-dom, em sua Fonte e em sua subsistência. Bem irredutível e irrelativo, para o juízo que é reflexão do ser em todas as suas expressões.

Situada na ontologia do espírito, a ética é, pois, irredutível e não poderia ser traduzida em termos políticos, como se chegou a clamar, antes de perceber que nenhuma exigência de eficácia dispensa a política de uma ética que a sustente e que a julgue, mas que não se deduz dela.

É por isso que, por sua vez, a realidade *política* é restaurada, sua razão de ser é reencontrada, quando fica patente a condição histórica da livre existência em sociedade. Quando o estatismo — forma moderna da tirania impessoal — coloca a organização da economia no lugar da guarda e da promoção do direito das pessoas, quando o poder tende a se apropriar das potências, a identificar-se com elas, é porque não é mais [200] sensível, percebida, a função *metafísica* do poder político. Metafísica no sentido simples e claro daquilo que não se vê, nem se observa, nem se mede, do que somente é capaz de justificar a política, qualquer que seja seu tipo institucional, e que é o espírito livre de cada pessoa, no desafio de exercer sua liberdade em relações de sociedade. Como forças e capacidades diferem, na desigualdade das vidas, das formações, das rendas e das funções, é preciso que cada pessoa seja *reconhecida* em seu ser de espírito, em sua vocação secreta, oculta desde a concepção, de manifestar no mundo o que ela é em si mesma. E o reconhecimento efetivo é aquele que, pela garantia do *direito* instituído, dá oportunidade e poder a cada espírito. Mesmo que o poder tenha outras funções, ele não possui outro sentido, ou justificação, ou norma de si mesmo.

É preciso, no entanto, que a demanda comum dirigida ao poder seja justamente demanda do espírito livre, e não a da simples gestão da vida e de seu nível de consumo. É preciso, por conseguinte, que a afirmação do ser de espírito, na liberdade de si, não se torne um rito insignificante das propagandas que dissimulam a avidez de poder; é preciso que ela seja a certeza regenerada, a voz nova do saber daquilo que somos em verdade e a despeito dos ruídos do materialismo de nossos comportamentos. Certeza ancorada no âmago da experiência espiritual do ser incomparável às coisas e às forças das coisas. Então a política, cujo poder se torna o que se torna o espírito de um povo, recobraria a ordem de justiça que lhe é própria: não a repartição dos bens segundo a justiça distributiva, mas o direito em vigor de cada liberdade, em toda relação social, considerada como tendo, a cada vez, um preço infinito, o de um espírito insubstituível[3].

Se, do espírito, o ser é indubitável, a ética é assim devolvida ao seu fundamento para ser a norma da existência implantada no ser-de-dom, enquanto a política é restituída ao seu sentido, como a condição objetiva e histórica da liberdade. Então, a ontologia do espírito retoma os três lugares em que a liberdade age em busca do absoluto do espírito, de sua expressão, de sua presença, de seu conhecimento, *a arte, a religião, a filosofia*. Ela as alcança para justificar, enraizar, vivificar, regenerar.

[201] A *arte*, afirmação do espírito na obra, não pode ser o ornamento convencional dos objetos técnicos ou a distração aleatória do imaginário.

---

3. Bruaire concebia a justiça política segundo três "ordens" ou níveis de sentido: o reconhecimento, no e pelo direito positivo, da idêntica liberdade de cada um; a equivalência de direito da situação de escolha entre as possibilidades oferecidas em sociedade; e a distribuição segundo o mérito social. Ele, portanto, não nega a justiça distributiva, mas a fundamenta e relativiza (cf. *La raison politique*, p. 33-40). (N. do R. T.)

Por isso ela atesta a energia espiritual sem conceito e a idealidade sem a ideia, isto é, a força da inspiração que silencia a subjetividade do artista, sobrevém ao talento e à habilidade. Inspiração insubstituível que não se aprende nem se decide e que se objetiva na beleza multiforme da obra. Por isso a arte é sempre por acréscimo, outra na matéria que ela investe e que nela se exalta. Mas a alteridade do belo é metamorfose ontogênica do ser natural que se renova nele, como em sua fonte criadora. Se a arte é imitação da natureza, não é para reproduzi-la, mas para tornar presente, para dar privilégio àquilo que, no ser natural, é mais do que ele próprio, porque é o que o faz ser. Nem subjetivo, nem simbólico, o ser que é simplesmente ser, o ser que é simplesmente espírito traspassa a natureza e nela resplandece. Do mesmo modo, a inspiração dá à obra a possibilidade de ser bela, confirmando-a com sua potência criadora. Se nenhum discurso esgota a beleza natural ou artística, não é porque sua apreciação seja um simples juízo reflexivo. É exatamente porque o belo nada acrescenta ao que a coisa é, ao que é o ser, como e porque a confirmação espiritual não acrescenta à afirmação do ser, em sua essência. Mas no belo o ser é superabundante, transgride de resplendor gratuito o ser dado, como luz de sua presença.

Por isso a arte não é sagrada segundo uma de suas espécies, dentre outras, porque serve uma religião em seu culto. Ela é sagrada por essência, se essa palavra significa o ser reservado, o ser do absoluto do espírito que é potência de fazer ser, que é "magia do ser". O fato de que, pela arte, o espírito humano se abra para seu Outro que o traspassa, para investir a matéria do mundo, testemunha, de modo privilegiado, o dom que ele é: a inspiração, na arte, rompe a recusa da consciência e o encerramento da subjetividade.

A *religião*, por ser afirmação do Espírito absoluto, dispondo o espírito à sua presença, é vivificada pela espera de Deus, espera que supõe a abertura ilimitada do desejo humano. Ela testemunha, pelo [202] seu ato, que nosso ser de espírito esgota seu ritmo de vida, na medida em que sua exigência se limita à busca de toda satisfação das necessidades, à avidez de potência. Que a existência humana seja busca de seu Outro, que nem eu nem meus semelhantes possamos substituir o que o ser de espírito pede, não significa nenhuma evasão ou distração da atenção moral às tarefas históricas que lhe são próprias. Não é o esquecimento do real que é aqui pressuposto, mas o inverso, a memória viva da *alteridade* de nossa origem e de nosso destino em relação ao curso do mundo.

Que o espírito seja, em seu ser, diferente do que ele pensa, do que ele faz, que ele seja irredutível aos seus poderes e dependências, inesgotável tanto em sua vida natural como em sua função em sociedade, é algo que a ontologia do espírito sabe e prova. Desse modo, ela é um chamado à conversão, na esperança de uma salvação do desejo infinito, que é constitutivo da atualidade do ser. Mas a salvação, como derrota da morte, não significa nada mais que a confirmação do dom que somos pela superabundância do Espírito, senhor do ser, confirmação que a ontologia sabe e prova. A religião, aqui, diz a promessa feita pelo Deus no qual ela crê, do qual ela confessa a revelação que a filosofia não pode deduzir, na admissão lógica de ignorar quem é o Deus do qual ela pode afirmar que é Alguém.

Longe de ser o sonho de um além, o ato de religião é assim um ato de conversão ao íntimo do espírito, em busca de sua origem, da descoberta de seu criador. Ele implica, por conseguinte, que sua liberdade resulta do dom do ser, a verdade do ser de dom. E que a substância de nosso espírito seja, em reflexão ontológica, capaz do recolhimento espiritual. Da conversão do ser a si mesmo, essência do dom espiritual, à conversão religiosa, *metanoia* da alma diante de seu Deus, opera-se uma transgressão da ignorância nativa da origem de nós mesmos, que é o sentido preciso da invocação como palavra a Deus.

Se a religião conhece na fé o que a ontologia do espírito em seu pensamento especulativo pode assim compreender e reconhecer, ela não pode ceder ao seu contrário secularizando-se em ideologias sociais. À expectativa do espírito em busca do absoluto, ela apenas pode responder [203] pela afirmação da única onipotência do Espírito absoluto. Nem a justiça econômica é seu assunto próprio, nem o direito político é a justiça divina que ela deve anunciar. Ela conhece apenas a misericórdia do amor como força vitoriosa da qual somos incapazes. Mas ela é a única a conhecer essa ordem de justiça.

Desse modo, a religião se expõe à filosofia, ao pensamento livre em e por seu rigor conceitual, para reconhecer-se a si mesma em sua verdade colocada à prova.

A *filosofia*, reconhecida na diferença de sua investigação e de seu saber, reanima seu esforço conceitual, reminiscência do ser em seu sentido verdadeiro, somente se ela recupera sua função insubstituível ao reencontrar todo o seu domínio. O que significa que ela se apresenta como incansável busca da verdade do ser do espírito. Mas a constituição das ciências da matéria a colocava aparentemente fora do jogo, como saber e como sabedoria, dado que pareciam revogadas as filosofias da natureza. Envergonhada de si mesma, em admissão contínua de ignorância, ela se esgotava na estéril repetição de sua história, em inatual consideração frívola de letras mortas. Como atualidade, ela mantinha apenas a instância crítica no refúgio do negativo. E ela expulsava a si mesma dali, desamparada diante da "suspeita", incapaz de reconhecer aí o pressuposto materialista. Ela ainda se esforçava em oferecer uma epistemologia às ciências, mas havia o risco de que estas últimas a incorporassem. A filosofia certamente deve e pode saber seu outro, a não filosofia. Mas precisamente por não poder proceder por abstração, por metódica colocação entre parênteses daquilo que não é a matéria da natureza, a filosofia tem tudo a conhecer sobre o ser do espírito, *e somente ela*. A racionalidade do pensamento, puro, duro e ilimitado, é então sua partilha, sua exigência e seu direito, no momento em que ela indaga, em sua interrogação incansável, sobre o fundamento e o ser da razão.

Que a filosofia não possa alijar-se, nem em seus pressupostos que ela deve questionar, nem em seu projeto explícito, de uma concepção do absoluto, atesta simplesmente que o espírito não está em busca de seu ser se ele se isenta de pensar o absoluto do espírito. [204] Pois ela deve chegar ao princípio, isto é, ao Princípio sem princípio. Por conseguinte, mesmo que ela professe uma negação de Deus, a filosofia é metafísica continuada.

Se a filosofia pensa assim necessariamente, como sua problemática e como saber de que somente ela é capaz, o absoluto que a religião chama Deus, ela é e permanece em comércio espiritual, difícil mas indispensável, com a religião. Ela é sua provação racional, mesmo quando ela aí se renova. Ela carrega a luz de todo homem que vem ao mundo, para reconhecer o que a fé religiosa diz conhecer. É assim e a distância do idealismo abstrato, sem ideia, que o pensamento inquieto com o realmente real é ardente espera de adoração, "em espírito e em verdade".

DISTRIBUIDORES

• BAHIA

Livraria e distribuidora MULTICAMPi Ltda.
Rua Direita da Piedade, 20 – Piedade
Tel 71 2101-8000 | **Telefax** 71 2101-8009
40070-190 – Salvador, BA
ldm@livrariamulticampi.com.br

• MINAS GERAIS

Asteca distribuidora de livros Ltda.
Distribuição
Rua Costa Monteiro, 50 e 54 – Sagrada Família
Tel 31 3423-7979 | **Fax** 31 3424-7667
31030-480 – Belo Horizonte, MG
distribuidora@astecabooks.com.br
Livraria
Av. Dr. Cristiano Guimarães, 2127
loja 2129 – Planalto
Tel 31 3443-3990 | **Fax** 31 3443-3990
31720-300 – Belo Horizonte, MG
livraria@astecabooks.com.br

Mãe da igreja Ltda.
Rua São Paulo, 1207 – Centro
Tel 31 3213-4740 / 3213-0031
30170-131 – Belo Horizonte, MG
maedaigreja@globo.com

Sem fronteiras livraria e distribuidora Ltda me
Av. General Carlos Guedes, 180 – Planalto
Tel 31 3494-2823
31720-500 – Belo Horizonte, MG
semfronteiras-livraria@hotmail.com

• PARANÁ

CATM Comércio de livros Ltda.
Vendas no Atacado e no Varejo
Rua Santo Antônio, 590 – Térreo – Rebouças
Tel 41 3306-1000
80230-120 – Curitiba, PR
catm@catm.com.br

• PIAUÍ

Livraria Nova Aliança
Rua Olavo Bilac, 1259 – Centro
Telefax 86 3221-6793
64001-280 – Teresina, PI
livrarianovaalianca@hotmail.com

• RIO DE JANEIRO

Zélio Bicalho Portugal Cia. Ltda.
Vendas no Atacado e no Varejo
Av. Presidente Vargas, 502 – sala 1701
Telefax 21 2233-4295 / 2263-4280
20071-000 – Rio de Janeiro, RJ
zeliobicalho@globo.com

• RIO GRANDE DO SUL

Livraria e Editora Padre Reus
Rua Duque de Caxias, 805
Tel 51 3224-0250 | **Fax** 51 3228-1880
90010-282 – Porto Alegre, RS
livrariareus@livrariareus.com.br
loja@livrariareus.com.br

• SÃO PAULO

Distribuidora Loyola de Livros ltda.
Vendas no Atacado
Rua São Caetano, 959 – Luz
Tel 11 3322-0100 | **Fax** 11 3322-0101
01104-001 – São Paulo, SP
vendasatacado@livrarialoyola.com.br

Livrarias Paulinas
Via Raposo Tavares, km 19,145
Tel 11 3789-1425 / 3789-1423 | **Fax** 11 3789-3401
05577-300 – São Paulo, SP
expedicao@paulinas.com.br

REVENDEDORES

• AMAZONAS

Editora Vozes Ltda.
Rua Costa Azevedo, 105 – Centro
Tel 92 3232-5777 | **Fax** 92 3233-0154
69010-230 – Manaus, AM
vozes61@uol.com.br

Livrarias Paulinas
Av. 7 de Setembro, 665
Tel 92 3633-4251 / 3233-5130
Fax 92 3633-4017
69005-141 – Manaus, AM
livmanaus@paulinas.com.br

• BAHIA

Editora Vozes Ltda.
Rua Carlos Gomes, 698A
Conjunto Bela Center – loja 2
Tel 71 3329-5466 | **Fax** 71 3329-4749
40060-410 – Salvador, BA
vozes20@uol.com.br

Livrarias Paulinas
Av. 7 de Setembro, 680 – São Pedro
Tel 71 3329-2477 / 3329-3668
Fax 71 3329-2546
40060-001 – Salvador, BA
livsalvador@paulinas.com.br

- **BRASÍLIA**

Editora Vozes Ltda.
SCLR/Norte – Q. 704 – Bloco A n. 15
Tel 61 3326-2436 | **Fax** 61 3326-2282
70730-516 – Brasília, DF
vozes09@uol.com.br

Livrarias Paulinas
SCS – Q. 05 / Bl. C / Lojas 19/22 – Centro
Tel 61 3225-9595 | **Fax** 61 3225-9219
70300-500 – Brasília, DF
livbrasilia@paulinas.com.br

- **CEARÁ**

Editora Vozes Ltda.
Rua Major Facundo, 730
Tel 85 3231-9321 | **Fax** 85 3231-4238
60025-100 Fortaleza, CE
vozes23@uol.com.br

Livrarias Paulinas
Rua Major Facundo, 332
Tel 85 3226-7544 / 3226-7398
Fax 85 3226-9930
60025-100 – Fortaleza, CE
livfortaleza@paulinas.com.br

- **ESPÍRITO SANTO**

Livrarias Paulinas
Rua Barão de Itapemirim, 216 – Centro
Tel 27 3223-1318 / 0800-15-712
Fax 27 3222-3532
29010-060 – Vitória, ES
livvitoria@paulinas.com.br

- **GOIÁS**

Editora Vozes Ltda.
Rua 3, n. 291
Tel 62 3225-3077 | **Fax** 62 3225-3994
74023-010 – Goiânia, GO
vozes27@uol.com.br

Livraria Alternativa
Rua 70, n. 124 – Setor Central
Tel 62 3945-0260 / 3945-0261
62 3945-0262 / 3945-0265
Fax 62 3212-1035
74055-120 – Goiânia, GO
distribuidora@livrariaalternativa.com.br

Livrarias Paulinas
Av. Goiás, 636
Tel 62 3224-2585 / 3224-2329
Fax 62 3224-2247
74010-010 – Goiânia, GO
livgoiania@paulinas.com.br

- **MARANHÃO**

Editora Vozes Ltda.
Rua da Palma, 502 – Centro
Tel 98 3221-0715 | **Fax** 98 3222-9013
65010-440 – São Luís, MA
livrariavozes@terra.com.br

Livrarias Paulinas
Rua de Santana, 499 – Centro
Tel 98 3232-3068 / 3232-3072
Fax 98 3232-2692
65015-440 – São Luís, MA
fspsaoluis@paulinas.com.br

- **MATO GROSSO**

Editora Vozes Ltda.
Rua Antônio Maria Coelho, 197A
Tel 65 3623-5307 | **Fax** 65 3623-5186
78005-970 – Cuiabá, MT
vozes54@uol.com.br

- **MINAS GERAIS**

Editora Vozes Ltda.
Rua Sergipe, 120 – loja 1
Tel 31 3048-2100 | **Fax** 31 3048-2121
30130-170 – Belo Horizonte, MG
vozes04@uol.com.br

Rua Tupis, 114
Tel 31 3273-2538 | **Fax** 31 3222-4482
30190-060 – Belo Horizonte, MG
vozes32@uol.com.br

Rua Espírito Santo, 963
Tel 32 3215-9050 | **Fax** 32 3215-8061
36010-041 – Juiz de Fora, MG
vozes35@uol.com.br

Livrarias Paulinas
Av. Afonso Pena, 2142
Tel 31 3269-3700 | **Fax** 31 3269-3730
30130-007 – Belo Horizonte, MG
livbelohorizonte@paulinas.com.br

Rua Curitiba, 870 – Centro
Tel 31 3224-2832 | **Fax** 31 3224-2208
30170-120 – Belo Horizonte, MG
gerencialivbelohorizonte@paulinas.com.br

- **PARÁ**

Livrarias Paulinas
Rua Santo Antônio, 278 – Bairro do Comércio
Tel 91 3241-3607 / 3241-4845
Fax 91 3224-3482
66010-090 – Belém, PA
livbelem@paulinas.com.br

- **PARANÁ**

Editora Vozes Ltda.
Rua Pamphilo de Assumpção, 554 – Centro
Tel 41 3333-9812 | **Fax** 41 3332-5115
80220-040 – Curitiba, PR
vozes21@uol.com.br

Rua Emiliano Perneta, 332 – loja A
Telefax 41 3233-1392
80010-050 – Curitiba, PR
vozes64@uol.com.br

Livrarias Paulinas
Rua Voluntários da Pátria, 225
Tel 41 3224-8550 | **Fax** 41 3223-1450
80020-000 – Curitiba, PR
livcuritiba@paulinas.com.br

Av. Getúlio Vargas, 276 – Centro
Tel 44 3226-3536 | **Fax** 44 3226-4250
87013-130 – Maringá, PR
livmaringa@paulinas.com.br

- **PERNAMBUCO, PARAÍBA, ALAGOAS, RIO GRANDE DO NORTE E SERGIPE**

Editora Vozes Ltda.
Rua do Príncipe, 482
Tel 81 3423-4100 | **Fax** 81 3423-7575
50050-410 – Recife, PE
vozes10@uol.com.br

Livrarias Paulinas
Rua Duque de Caxias, 597 – Centro
Tel 83 241-5591 / 241-5636 | **Fax** 83 241-6979
58010-821 João Pessoa, PB
livjpessoa@paulinas.com.br

Rua Joaquim Távora, 71
Tel 82 326-2575 | **Fax** 82 326-6561
57020-320 – Maceió, AL
livmaceio@paulinas.com.br

Rua João Pessoa, 224 – Centro
Tel 84 212-2184 | **Fax** 84 212-1846
59025-200 – Natal, RN
livnatal@paulinas.com.br

Rua Frei Caneca, 59 – Loja 1
Tel 81 3224-5812 / 3224-6609
Fax 81 3224-9028 / 3224-6321
50010-120 – Recife, PE
livrecife@paulinas.com.br

• RIO DE JANEIRO

Editora Vozes Ltda.
Rua 7 de Setembro, 132 – Centro
Tel 21 2215-0110 / **Fax** 21 2508-7644
20050-002 – Rio de Janeiro, RJ
vozes42@uol.com.br

Rua Frei Luis, 100 – Centro
Tel 24 2233-9000 | **Fax** 24 2231-4676
25669-900 – Petrópolis, RJ
vendas@vozes.com.br

Livrarias Paulinas
Rua 7 de Setembro, 81-A
Tel 21 2232-5486 | **Fax** 21 2224-1889
20050-005 – Rio de Janeiro, RJ
livjaneiro@paulinas.com.br

Rua Dagmar da Fonseca, 45 Loja A/B – Madureira
Tel 21 3355-5189 / 3355-5931
Fax 21 3355-5929
21351-040 – Rio de Janeiro, RJ
livmadureira@paulinas.com.br

Rua Doutor Borman, 33 – Rink
Tel 21 2622-1219 | **Fax** 21 2622-9940
24020-320 – Niterói, RJ
livniteroi@paulinas.com.br

Zélio Bicalho Portugal Cia. Ltda.
Rua Marquês de S. Vicente, 225 – PUC
Prédio Cardeal Leme – Pilotis
Telefax 21 2511-3900 / 2259-0195
22451-041 – Rio de Janeiro, RJ

Centro Tecnologia – Bloco A – UFRJ
Ilha do Fundão – Cidade Universitária
Telefax 21 2290-3768 / 3867-6159
21941-590 – Rio de Janeiro, RJ
livrarialianca@prolink.com.br

• RIO GRANDE DO SUL

Editora Vozes Ltda.
Rua Riachuelo, 1280
Tel 51 3226-3911 | **Fax** 51 3226-3710
90010-273 – Porto Alegre, RS
vozes05@uol.com.br

Livrarias Paulinas
Rua dos Andradas, 1212 – Centro
Tel 51 3221-0422 | **Fax** 51 3224-4354
90020-008 – Porto Alegre, RS
livpalegre@paulinas.com.br

• RONDÔNIA

Livrarias Paulinas
Rua Dom Pedro II, 864 – Centro
Tel 69 3224-4522 | **Fax** 69 3224-1361
78900-010 – Porto Velho, RO
livportovelho@paulinas.com.br

• SANTA CATARINA

Editora Vozes
Rua Jerônimo Coelho, 308
Telefax 48 3222-4112
88010-030 – Florianópolis, SC
vozes45@uol.com.br

• SÃO PAULO

Distribuidora Loyola de Livros Ltda.
Vendas no Varejo
Rua Senador Feijó, 120
Telefax 11 3242-0449
01006-000 – São Paulo, SP
senador@livrarialoyola.com.br

Rua Barão de Itapetininga, 246
Tel 11 3255-0662 | **Fax** 11 3231-2340
01042-001 – São Paulo, SP
loyola_barao@terra.com.br

Rua Quintino Bocaiúva, 234 – Centro
Tel 11 3105-7198 | **Fax** 11 3242-4326
01004-010 – São Paulo, SP
atendimento@livrarialoyola.com.br

Editora Vozes Ltda.
Rua Senador Feijó, 168
Tel 11 3105-7144 | **Fax** 11 3105-7948
01006-000 – São Paulo, SP
vozes03@uol.com.br

Rua Haddock Lobo, 360
Tel 11 3256-0611 | **Fax** 11 3258-2841
01414-000 – São Paulo, SP
vozes16@uol.com.br

Rua dos Trilhos, 627 – Mooca
Tel 11 2693-7944 | **Fax** 11 2693-7355
03168-010 – São Paulo, SP
vozes37@ucl.com.br

Rua Barão de Jaguara, 1097
Tel 19 3231-1323 | **Fax** 19 3234-9316
13015-002 – Campinas, SP
vozes40@uol.com.br

Livrarias Paulinas
Rua Domingos de Morais, 660 – Vila Mariana
Tel 11 5081-9330 | **Fax** 11 5081-9366
04010-100 – São Paulo, SP
livdomingos@paulinas.com.br

Rua XV de Novembro, 71
Tel 11 3106-4418 / 3106-0602
Fax 11 3106-3535
01013-001 – São Paulo, SP
liv15@paulinas.com.br

Av. Marechal Tito, 981 – São Miguel Paulista
Tel 11 6297-5756 | **Fax** 11 6956-0162
08010-090 – São Paulo, SP
livsmiguel@paulinas.com.br

• PORTUGAL

Multinova União Liv. Cult.
Av. Santa Joana Princesa, 12 E
Tel 00xx351 21 842-1820 / 848-3436
1700-357 – Lisboa, Portugal

Distribuidora de Livros Vamos Ler Ltda.
Rua 4 de infantaria, 18-18A
Tel 00xx351 21 388-8371 / 60-6996
1350-006 – Lisboa, Portugal

Editora Vozes
Av. 5 de outubro, 23
Tel 00xx351 21 355-1127
Fax 00xx351 21 355-1128
1050-047 – Lisboa, Portugal
vozes@mail.telepac.pt

Este livro foi composto nas famílias tipográficas
Minion, Frutiger e *Bwgrkl**
e impresso em papel *Offset 75g/m²*

Edições Loyola

editoração impressão acabamento

rua 1822 nº 341
04216-000 são paulo sp
T 55 11 3385 8500
F 55 11 2063 4275
www.loyola.com.br